简斋诗意图　黄宾虹

北宋画多浓墨如
行夜山以沉着浑
厚为宗不尚纤巧
自成大家目偶仿之
宾虹

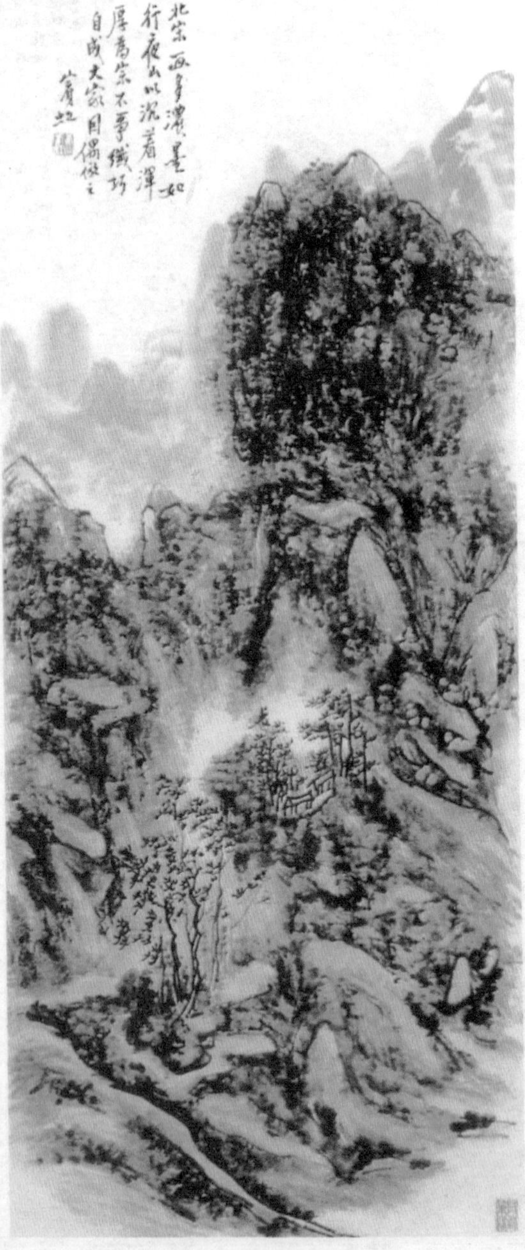

拟北宋山水图　黄宾虹

横岭岚影图　黄宾虹

明季画赝标中古夫墨者
多宗北宋细而不纖挺而
不獷较学倪黄为胜
荛拟其意
庚寅观月八十七叟宾虹

拟北宋山水 黄宾虹

仿王晋卿画　黄宾虹

粤西纪游图　黄宾虹

溪桥烟霭图　黄宾虹

江樹何非微遠小
蒼翠千裏秋風吹
衣裳人新橋下水
黃賓虹

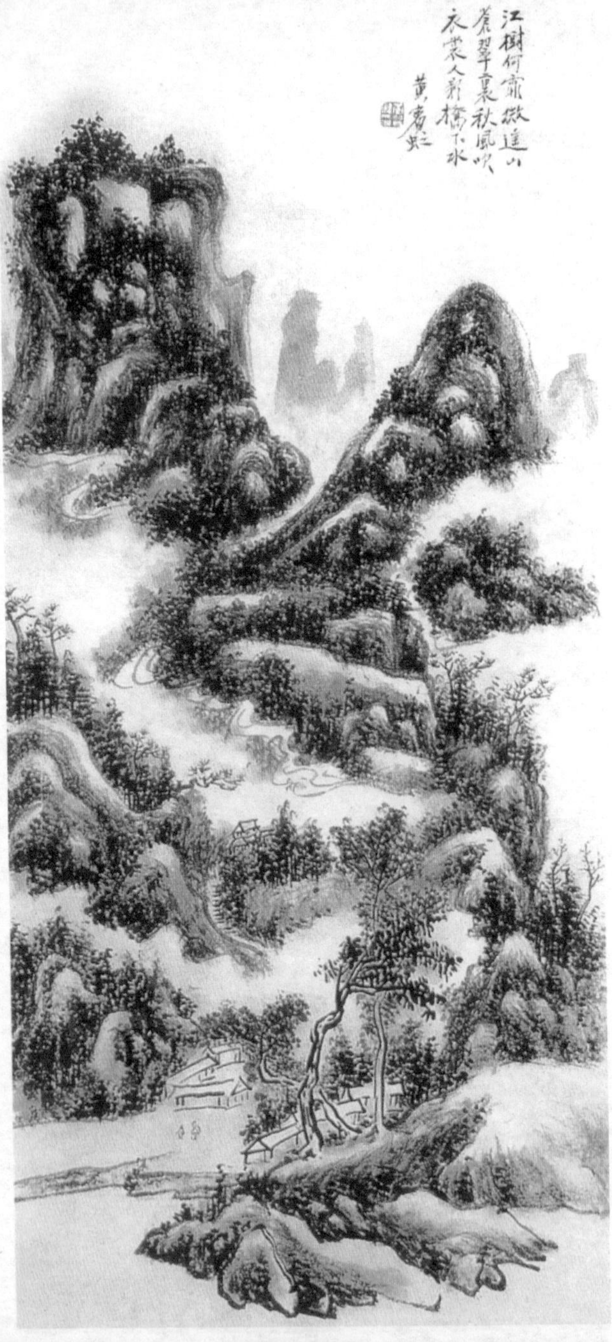

秋山苍翠图　黄宾虹

拟范宽笔意图轴　黄宾虹

拟笔山水　黄宾虹

青绿山水图　黄宾虹

辛卯之秋景昭先生雅

牵牛花

宾虹补雏翔

麦少年弦题

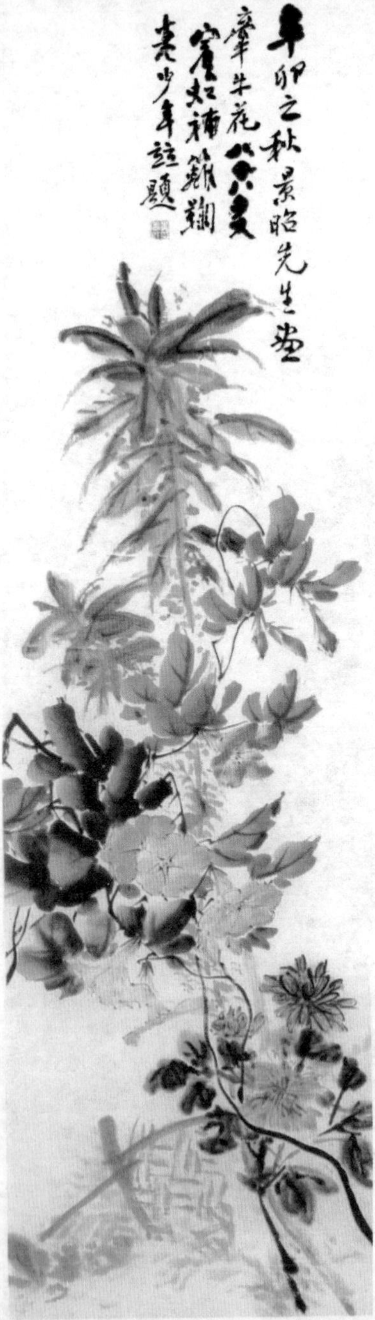

秋艳图　黄宾虹等人

阳朔途中图　黄宾虹

蜀中山水图　黄宾虹

黄山追忆图　黄宾虹

江南春色图（四景设色之一） 黄宾虹

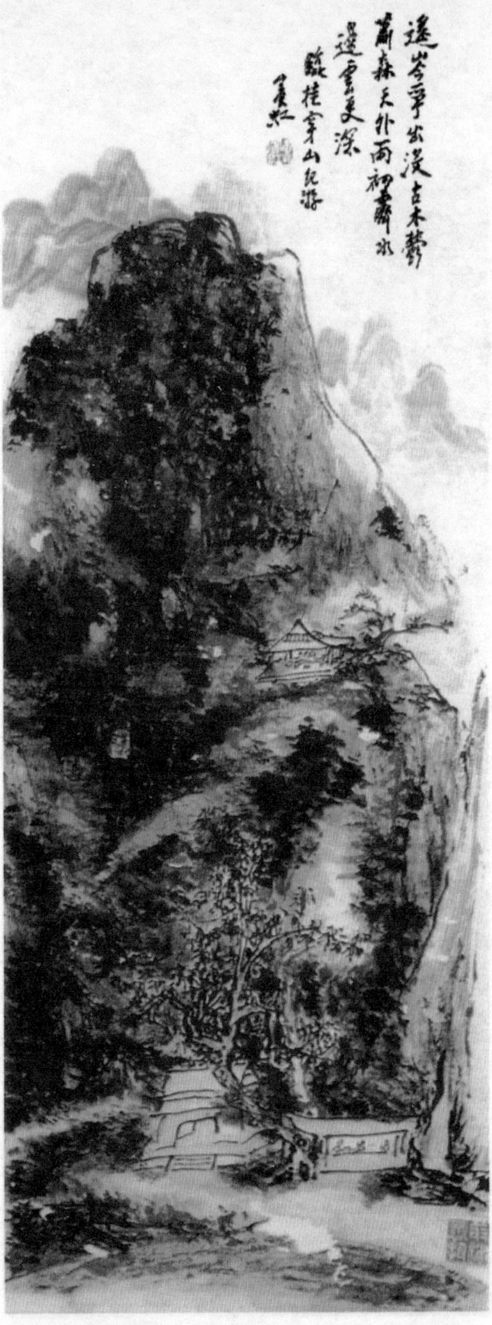

深山远眺图　黄宾虹

山房话旧图　黄宾虹

设色山水图　黄宾虹

拟范宽笔意图轴　黄宾虹

松林书屋图　黄宾虹

黄山诸峰图　黄宾虹

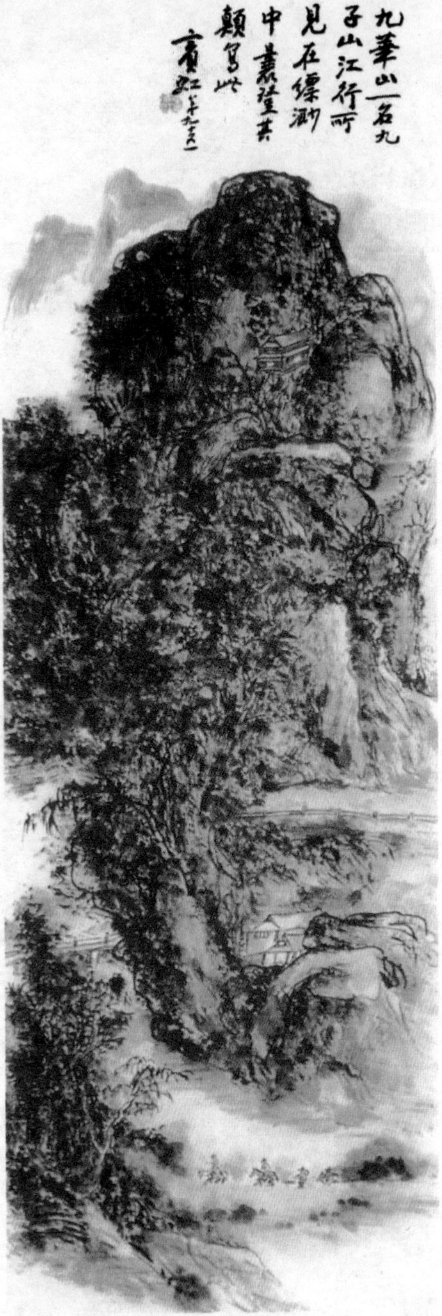
九華山一名九
子山江行所
見在縹渺
中叢巒其
顛寫此

九华山图　黄宾虹

夏日旧隐图（四景设色之二） 黄宾虹

仿米家山水图　黄宾虹

山水　黄宾虹

野橋山居
見村居煙
雨中有年
秉晴得
一犁君見
之脫囷有其
喬榘□
賓虹年

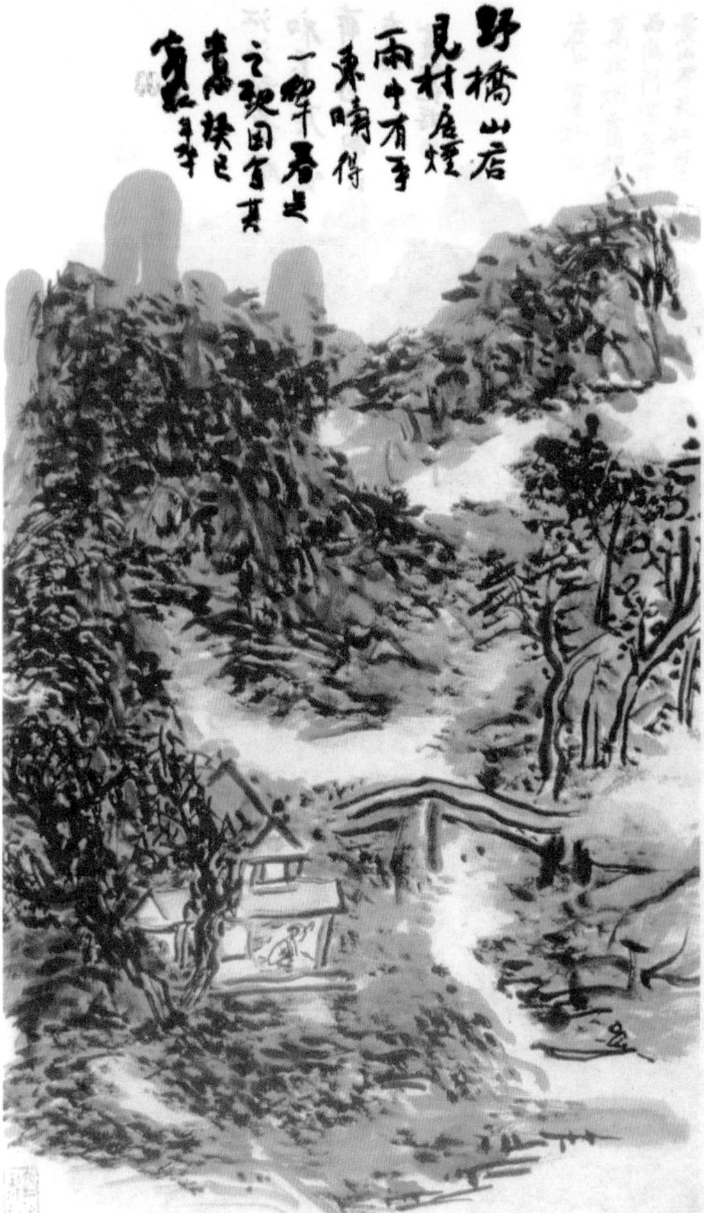

村居烟雨中（局部） 黄宾虹

歙北富资水合练
新水经紫阳山
麓汇浦又回偶
写之
宾虹年九十又一

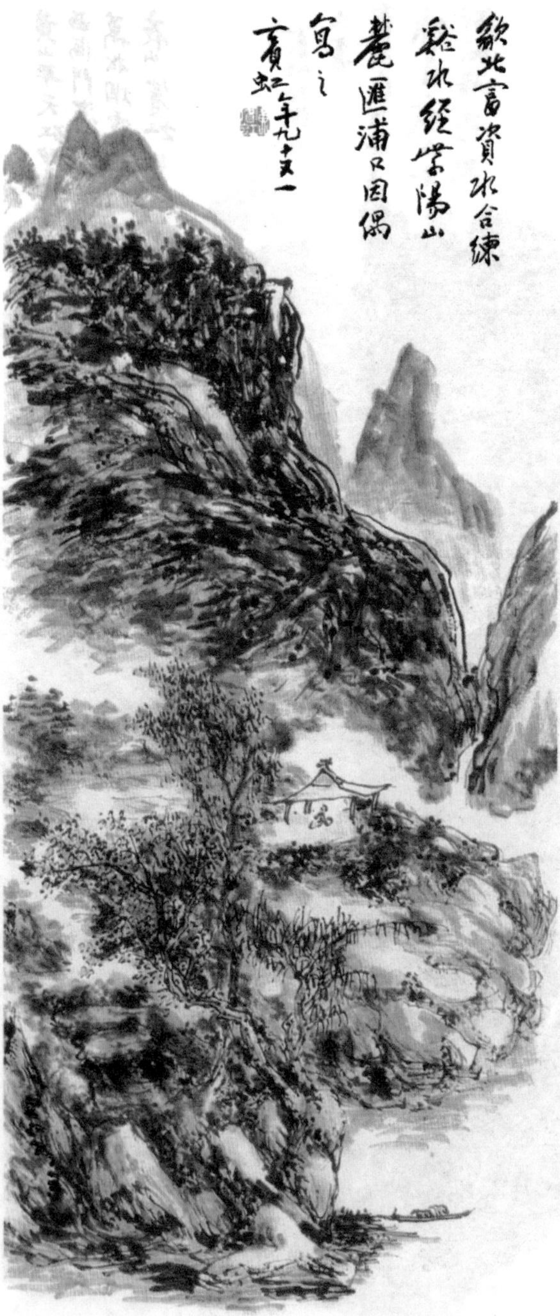

紫阳山麓　黄宾虹

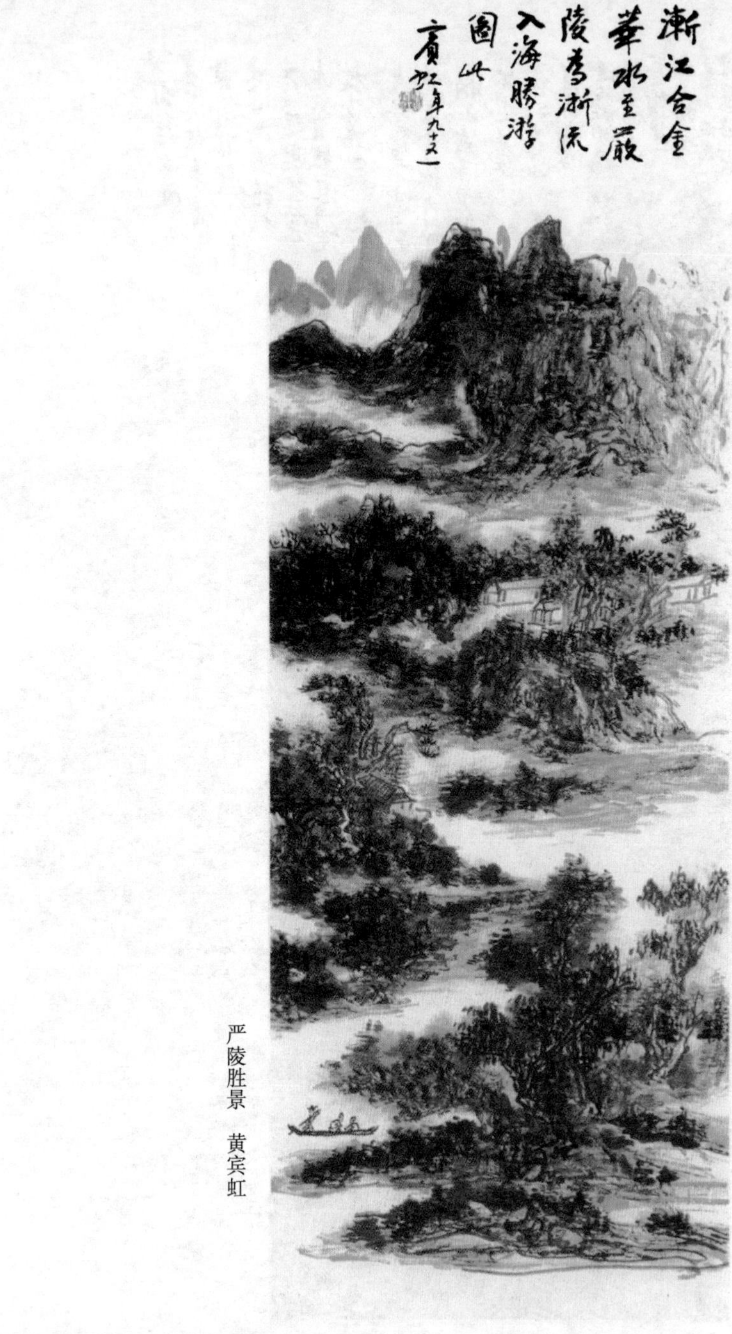
浙江合金
華水至嚴
陵為浙流
入海勝游
圖此
賓虹年九十又一

严陵胜景　黄宾虹

中郑绘画附属
书算馀事备位
艺术游戏萌芽
文字极盛诗歌
老子言圣人法天
本天自然孔门设
教多为四科天地
生人惟最需之是
为三才：德出众
稿石老子自强
不息居仁由义
从科学中
保存哲学
近今欧洲
学者倡言
艺术增进
初尚哲学
君学惟心民
学理物质改造体范

山水图　黄宾虹

在不被认同中前行

黄宾虹

黄宾虹／著

黄宾虹的艺术孤独

中国画报出版社 · 北京

图书在版编目（CIP）数据

在不被认同中前行 / 黄宾虹著. -- 北京 : 中国画报出版社, 2024.1

ISBN 978-7-5146-1936-2

Ⅰ. ①在… Ⅱ. ①黄… Ⅲ. ①黄宾虹（1864-1955）—自传 Ⅳ. ①K825.72

中国国家版本馆CIP数据核字(2023)第211944号

在不被认同中前行

黄宾虹　著

出 版 人：方允仲
策　　划：许晓善
责任编辑：程新蕾
内文排版：郭廷欢
责任印制：焦　洋

出版发行：中国画报出版社
地　　址：中国北京市海淀区车公庄西路33号　邮编：100048
发 行 部：010-88417418　010-68414683（传真）
总编室兼传真：010-88417359　版权部：010-88417359

开　　本：32开（880mm×1230mm）
印　　张：7.5
字　　数：150千字
版　　次：2024年1月第1版　　2024年1月第1次印刷
印　　刷：三河市金兆印刷装订有限公司
书　　号：ISBN 978-7-5146-1936-2
定　　价：52.00元

目录

做人感悟

自述　010
论中国艺术之将来　014
精神重于物质说　020
说艺术　024
说蝶　027
宾虹画语　030
六法感言　034
章法论　040
虚与实　044
画法要旨　048

画学升降之大因　061
怎样才是一张好画　065
水墨与黄金　068
山水画与《道德经》　073
文字书画之新证　079
改良国画问题之检讨　082
国画之民学
——八月十五日在上海美术茶会讲词　087

治学

画谈　094
绪论　094
用笔之法有五　096
用墨之法有七　100
章法因创之大旨　102

画学通论讲义　107
论画之有益　107

赏识 108
优劣 109
楷模 110
服饰 112
藏弆 113
道释 114
人物 114
蕃族 115
论多文晓画 116

国画理论讲义 119
绪言 119
本源 121
精神 122
品格 122
学识 123
立志 124
练习 124
涵养 125
成就 125

画学散记 127
传授 127
空摹 130
沿习 132
神思 134
气格 136
工力 138
优绌 139
名誉 141
娱志 143
性情 143
山水 144
烘染 146
设色 147
合作 149
讹误 151

交友

与王任之　154
与王伯敏　155
与卞孝萱　157
与朱砚英　159
与吴鸣　165
与汪聪　167
与林散之　169
与柳亚子　170
与胡韫玉　172
与高燮　175
与许承尧　177
与傅雷　179
与黄居素　198
与裘柱常　201
与鲍君白　203
与顾飞　205

做人感悟

自述

宾虹学人，原名质，字朴存，江南歙县籍，祖居潭渡村，有滨虹亭最胜，在黄山之丰乐溪上。国变后改今名。幼年六七岁，随先君寓浙东，因避洪杨之乱至金华山。家塾延蒙师，课读之暇，见有图画，必细意观览。先君喜古今书籍书画，侍侧常听之，记之心目，辄为仿效涂抹。遇能书画者，必访问穷究其理法。时有萧山倪丈炳烈善书，其从子淦，七岁即能画人物花鸟。其父倪翁，忘其名，常携至余家。观其所作画，心喜之而勿善也。意作画不应如是之易，以其粗率。不假思索耳。其父年近六旬，每论画理，言作画必先悬纸于壁上而熟视之，明日往观，坐必移时，如是三日，而后落笔。余从旁窃笑，以为此翁道气太过，好欺人。请益于先君，诏之曰：儿知王勃腹稿乎？因知古人文章书画，皆贵胸有成竹，未可枝枝节节为之也。

翌日，倪翁至，叩以画法，不答。坚请，乃曰：当如作字法，笔笔宜分明，方不至为画匠也。余谨受教而退。再扣以作书之法，故难之，强而后可。闻其议论，明昧参半，遵守其所指示，行之年余，不敢懈怠。倪翁年老不常至，余惟检家中所藏古书画，时时观玩之。家有白石翁画册，所作山水，笔笔分明，学之数年不间断。余年十三，应试返歙。时当难后，故家旧族，古物犹有存者，因得见古人真迹，为多佳品。有董玄宰、查二瞻画，尤爱之。习之又数年。家遭坎坷中落，肄业金陵、扬州，得友时贤文艺之士，见闻渐广，学之愈勤。游皖公山，访郑雪湖丈珊，年八十余。闻其于族中有旧，余持自作画，请指授其法。郑丈云：唯有六字诀，曰：实处易，虚处难。子谨志之。此吾曩受法于王蓬心太守者也。余初不为意，以虚实指章法而言，遍求唐宋画章法临摹之，几十年。继北行学干禄以养亲。时庚子之祸方酝酿，郁郁归。退耕江南山乡水村间，垦荒近十年，成熟田数千亩。频年收获之利，计所得金，尽以购古今金石书画，悉心研究，考其优绌，无一日之间继。寒暑皆住楼，不与世俗往来。家常盐米之事，一切委之先室洪孺人；而歙中置宇增产，井井有条，皆由内助也。

逊清之季，士夫谈新政，办报兴学。余游南京、芜湖，友招襄理安徽公学，又任各校教员。时议废弃中国文字，尝与力争之。由是而专意保存文艺之志愈笃。乃至沪，晤粤友邓君秋枚、黄君晦闻；于《国学丛书》《国粹学报》《神州国光集》供搜辑之役。历任《神州》《时报》各社编辑及美术主任、文艺学院院长、留美预备学校教员。当南北议和之先，广东高剑父、奇峰二君办《真相画报》，约余为撰文及插画。有署名大千、予向、滨虹，皆别号也；此外尚多，不必赘，而惟宾虹之号识者尤多，以上海地名有洋浜桥、虹口也。

近十年，来燕京。尝遇张季爰、溥心畬诸君于稷园，继而寿石工君亦至，素喜诙谐，因向众云：今日我当为文艺界办一公案。众皆竦立而听。乃云：张大千名满南北，诸君亦知其假借于黄宾虹，至今尚未归还乎？请诸君决议。即以《真相画报》为证，众乃大笑。

余署别号有用予向者，因观明季恽向字香山之画，华滋浑厚，得董巨之正传，最合大方家数，虽华亭、娄东、虞山诸贤，皆所不逮，心向往之，学之最多。又喜游山，师古人以师造化。慕古向禽之为人，取为别号。而近人撰《再续碑传承》一书，搜集称繁复，燕京出版，中采予向《新安四巧工传》文，乃谓予向为失名。最近《中和》《雅言》二杂志，皆录予向所作文，人知之复渐多。而余杭褚理堂君德彝撰《再续金石录》，载鄙人原籍，误歙县为黟县，是殆因黟有黄牧甫而误，亦应自为言明者也。

近伏居燕市将十年，谢绝酬应，惟于故纸堆中与蠹鱼争生活；书籍金石字画，竟日不释手。有索观拙画者，出平日所作纪游画稿以示之，多至万余页，悉草草勾勒于粗麻纸上，不加皴染，见者莫不骇余之勤劳，而嗤其迂陋，略一翻览即弃去。亦有人来索画，经年不一应。知其收藏有名迹者，得一寓目乃赠之；于远道函索者，择其人而与，不惜也。

论中国艺术之将来

欧风墨雨，西化东渐，习佉卢蟹行之书者，几谓中国文字可以尽废。占来图籍，久矣束之高阁，将与土苴刍狗委弃无遗；即前哲之工巧技能，皆目为不逮今人，而惟欧日之风是尚。乃自欧战而后，人类感受痛苦，因悟物质文明悉由人造，非如精神文明多得天趣，从事搜罗，不遗余力。无如机械发达，不能遽遏，货物充斥，供过于求，人民因之乏困不能自存者，不可亿万计。何则？前古一艺之成，集合千百人之聪明材力为之，力犹虞不足。方今机器造作，一日之间，生产千百万而有余。况乎工商竞争，流为投机事业，赢输晌息，尤足引起人欲之奢望，影响不和平之气象。故有心世道者，咸欲扶偏救弊，孳孳于东方文化，而思所以补益之。国有豸乎，意良美也。

夫中国文艺，肇端图画。象形为六书之一，模形尤百工之母。人生童而习之，及其壮也，观摩而善，至老弗衰，优焉游焉，葳焉修焉，不敢躐等，几勿以躁妄进。故言为学者，必贵乎静；非静无以成学。国家培养人才，士气尤宜静不宜动。七国暴乱，极于嬴秦。汉之初兴，有萧何以收图籍，而后叔孙通、董仲舒之伦，得以儒术饰吏治，致西京于郅隆。至于东汉，抑有盛焉。六朝既衰，唐之太宗，文治武功，彪炳千古。当时治绩，有“左相宣威沙漠，右相驰誉丹青”之美。图籍，微物也，干戈扰攘，不使与钟镰同销；丹青，末技也，廊庙登庸，可以并圭璋特达。盖遏乱以武，平治以文，发举世危乱之秋，有一二扶维大雅者，斡旋其间，虽经残暴废弃之余，而文艺振兴，得有所施设。故称太平之治者，咸曰汉唐。宋初取士，谓天下豪杰尽入彀中，无他，能令士子共安于学业，消弭其躁动之气于无形，斯治术也。嗟乎！汉唐有宋之学，君学而已。画院待诏之臣，一代之间，恒千百计，含毫吮墨，匍伏而前，奔走骇汗，惟一人之爱憎是视，岂不可兴浩叹！

汉武创置秘阁，以聚图书。明帝雅好丹青，别开画室，又创立鸿都学，以集奇艺，天下之艺云集。毛延寿、陈敞、刘白、龚宽画人物鸟兽，阳望、樊育兼工布色，是为丹青画之萌芽。后汉张衡、蔡邕、赵岐、刘褒，皆文学中人，可为士夫画之首倡者也。而刘旦、杨鲁，值光和中，待诏尚方，画于鸿都学，是即院画派之创始。晋魏六朝，顾恺之、陆探微、张僧繇、展子虔，虽多画人物，而张僧繇画没骨山水，展子虔写江山远近之势，是为山水画之先声，其人皆士夫，未得称为院派。唐初阎立德、立本兄弟，以画齐名，俱登显位。吴道子供奉时为内教博士，非有诏不得画。至李思训、王维，遂开南北两宗，而北宗独为院画所师法。宋宣和中，建五岳观，大集天下画史，如进士科，下题抡选，应诏者至数百人，多不称旨。夫以数百人之学诣，持衡于一人意旨之间，则幸进者必多阿谀取容，恬不为耻，无怪乎院画之不足为人珍重之也。

昔米元章论画，尝引杜工部诗谓薛少保稷云：惜哉功名忤，但见书画传。杜甫老儒，汲汲于功名，岂不知有时命，殆是平生寂寥所慕。嗟乎！五王之功业，寻为女子笑。而少保之笔精墨妙，摹印亦广，石泐则重刻，绢破则重补，又假以行者，何可数也。然则才子鉴士，宝钿瑞锦，缫袭数千，以为珍玩，视五王之炜炜，皆糠粃埃盖，奚足道哉！夫阎立本之丹青，尚足与“宣威沙漠”者并重，固已甚奇，而薛稷之笔墨，至视五王之功业，尤为可贵。虽米氏特高其位置，然则画者之人品，不可轻自菲薄，于此可知矣。画之优劣，关于人品，见其高下。文徵明有自题其米山曰：人品不高，用墨无法。乃知点墨落纸，大非细事。必须胸中廓然无物，然后烟云秀色，与天地自然凑合。若是营营世念，澡雪未尽，即日对丘壑，日摹妙迹，到头只与圬墁之工争巧拙于毫厘。急于沽名嗜利，其胸襟必不能宽广，又安得有超逸之笔墨哉？

然品之高，先贵有学。李竹懒言：学画必在能书，方知用笔。其学书又须胸中先有古今；欲博古今，作淹通之儒，非忠信笃敬，植立根本，则枝叶不附。斯言也，学画者当学书，尤不可不先读古今之书。善读书者，恒多高风峻节，睥睨一世，有可慕而不可追，使其少贬寻尺，俯眉承睫之间，立可致身通显。惟以孤芳自赏，偃蹇为高，磊落英彦，怀才不遇，甘蜷伏于邱园，徒弦诵歌咏以适志，或抒写其胸怀抑郁之气，作为人物山水花鸟，聊以寓兴托意，清畏人知，虽湮没于深山穷谷之中，常遁世而无闷。后之称中国画者，每薄院体而重士习，非以此耶？

善哉！蒙庄之言曰：宋元君有画者，解衣槃礴，旁若无人，是真画者。世有庸俗之子，徒知有人之见存，于是欺人与媚人之心，勃然而生。彼欺人者，谓为人世代谢，吾当应运而兴，开拓高古胸襟，推倒一时之豪杰，前无古人，功在开创。充其积弊，势必任情涂抹，胆大妄为。其高造者，不过如蒋三松、郭清狂、张平山之流，入于野狐禅而不觉，当时虽博盛名，而有识者訾议之。彼媚人者，逢迎时俗，涂泽为工，假细谨为精能，冒轻浮为生动，习之既久，罔不加察。其尤甚者，至如云间派之流于凄迷琐碎，吴门派之入于邪甜俗赖，真赏之士，皆不欲观，无识之徒，徒啧啧称道。笔墨无取，果何益哉！所以为人为己，儒者必分，宜古宜今，学所不废，艺之贵精，法其要也。清湘老人有言：古人未立法以前，不知古人用何法；古人既立法以后，后人即不能出古人之法。法莫先于临摹，然临画得其意而位置不工，摹画存其貌而神气或失。人既不能舍临摹而别求急进之方，则古今名贤之真迹，遍览与研求，尤不容缓。采菽中原，勤而多获，不可信乎？

虽然，时至今日，难言之矣。古者公私收藏，传诸载籍，指不胜偻。廊庙山林，士习作家，巨细秾纤，各极其胜。多文晓画者，形之于诗歌，笔之为记述，偏长薄技，为至道所关。如韩昌黎、杜少陵、苏东坡等诗文集，皆能以词章发扬艺事。而名工哲匠，又往往得与文人学士熏陶，以深造其技能，穷毕生之专精，垂百世而不朽。其成之者，非易易也。自欧美诸邦，羡艳于东方文化，历数十年来，中国古物，经舟车转运，捆载而去。其人皆能辨别以真赝，与工艺之优劣。故家旧族，罔识宝爱，致飘零异域，不知凡几。习艺之士，悉多向壁虚造，先民矩矱，无由率循。甚或用夷变夏，侈胡服为识时，袭谬承讹，饮狂泉者举国。此则严怪、陆痴，共肆其狂诞，闵贞、黄慎，适流为恶俗而已。滔滔不返，宁有底止？挽回积习，责无旁贷，是在有志者努力为之耳。

自古南宗，祖述王维，画用水墨，一变丹青之旧，肇自然之性，成造化之功，六法之中，此为最上。李成、郭熙、范宽、荆浩、关仝递为丹青水墨合体，画又一变。董源、巨然作水墨云山，开元季黄子久、倪云林、吴仲圭、王山樵四家，又一变也。学者传摹移写，善写貌者贵得其神，工彩色者宜兼其韵，要之皆重于笔墨。笔墨历古今而不变，所变者，形貌体格之不同耳。知用笔用墨之法，再求章法。章法可以研究历代艺术之迁移，而笔法墨法，非心领神悟于古人之言论，及其真迹之留传，必不易得。荆浩言：吴道子有笔无墨，项容有墨无笔。董玄宰言：一种使笔，不可反为笔使；一种用墨，不可反为墨用。笔以立其形质，墨以分其阴阳。图画悉从笔墨而成，格清意古，墨妙笔精，有实则名自得，否则一时虽获美名，久则渐销。所谓誉过其实者，不揣其本而齐其末，徒斤斤于形象位置彩色，至于奥理冥造，妙化入神，全不之讲，岂不陋哉！况夫进契刀为柔毫，易竹帛而楮素，采绘金碧，水晕墨彰，中国图画又因时代嬗变，艺有特长，各擅其胜。至于丹青设色，或油或漆，汉晋以前，已见记载。界尺杇炭，矩矱所在，俱有师承，往籍可稽，无容赘述。泰西绘事，亦由印象而谈抽象，因积点而事线条。艺力既臻，渐与东方契合。惟一从机器摄影而入，偏拘理法，得于物质文明居多；一从诗文书法而来，专重笔墨，得于精神文明尤备。此科学、哲学之攸分，即士习、作家之各判。技进乎道，人与天近。世有聪明才智之士，骎骎渐进，取法乎上，可毋勉旃。

精神重于物质说

《易》曰：道成而上，艺成而下。道成、艺成，犹今所谓精神文明与物质文明也。中华四千年来，为文化开化最早之国。古之制作，皆古之圣贤，政教一致，初无道与艺之分。盖三代而上，君相有学，道在君相。三代而下，君相失学，道在师儒。春秋之世，文武之道，未坠于地，在人，贤者识其大者，不贤者识其小者，此道与艺之所由分，其见端耶？孔子删《诗》《书》，订《礼》《乐》，作《周易》，修《春秋》，问礼于老聃，问乐于苌弘，采百二国之宝书，以及辅所录之风诗。其时国学之掌于史官者，集大成于尼山。故孔门四教，文行忠信，又曰：行有余力。则于《说文》注谓：诗书，六艺之文。六艺者，礼、乐、射、御、书、数也。又《汉·艺文志》：《易》

《诗》《书》《春秋》《礼》《乐》六经，谓之六艺。司马迁叙史，先黄老而后六经，议者纷然。扬雄谓：六经，济乎道者也。乃知迁史之论为可传。艺必以道为归，有可知已。

尝观黄帝御宇，命仓颉制六书，史皇作图画，若风后之阵法，隶首之定数，伶伦之律吕，岐伯之内经，凡宫室器用衣服货币之制，皆由此并兴。夏商而下，迄于成周，设官分职，郁郁乎文，焕然美备。东迁之后，王纲不振，诸侯僭乱，史官失职，远商异国，诸子百家之说，异学争鸣。老子见周之衰，诗书之教不行，乃西出函谷关，著《道德经》五千余言，辞洁而理深，务为归真返朴之旨。其言曰：圣人法天，天法道，道法自然。艺之至者，多合乎自然，此所谓道。道之所在，艺有图画。图画者，文字之绪余，百工之始基也。文以载道，非图画无以明。而图谱之兴，尚不如画者，物质徒存，精神未至也。

宋郑樵论图谱云：今总天下之画而条其为图谱之用者，十有六，一曰天文，二曰地理，三曰宫室，四曰器用，五曰车旂，六曰衣裳，七曰坛兆，八曰都邑，九曰城筑，十曰田里，十一曰会计，十二曰法制，十三曰班爵，十四曰古今，十五曰名物，十六曰书。凡此十六类有书无图不可用也。

图画之用，以辅政教，载诸典籍，班班可考。乃若格高思逸，笔妙墨精，道弸于中，艺褫于外，其深远之趣，至与老子自然之旨相侔。大之参赞天地之化育，以亭毒群生，小之撷采山川之秀灵，以清洁品格。故国家之盛衰，必视文化；文化之高尚，尤重作风。艺进于道，良有以也。稽之古先士夫，多文晓画，言论相同，皆无取于形象位置，彩色瑕疵，亦深戒夫多用己意，随手苟简，而惟赏其奥理冥造，以畅玄趣，极其自然之妙。其说可略举之。

欧阳修论鉴画曰：高下向背，远近重复，皆画工之艺。苏轼论画曰：观士人画，如阅天下马，取其意气所到；至若画工，往往只取鞭策皮毛、槽枥刍秣，无一点俊发，看数尺便卷。黄庭坚曰：余未尝识画，然参禅而知无功之功，学道而知至道不烦，于是观画悉知其巧拙。米友仁曰：言画之老境，于世海中一毛发事，泊然无著，每于静室僧趺，忌怪万虑，心与碧虚寥廓同其流荡。

由此观之，一切形貌采章，历历具足，甚谨甚细，外露巧密者，世所为工，而深于画者，恒鄙夷之。面惟求影响，粗犷不雅者，尤宜摈斥。即束于绳矩，稍涉畦畛，亦步亦趋，自限凡庸，皆非至艺。循乎模楷之中，而出于樊篱之外。是故师古人者，已为上乘；知师古人不如师造化者，方可臻于自然。今者东方美术，遍传欧美，举国之人，宏开展览，无论朝野，争先快睹，以事研究，莫不称誉，以视瓷铜、玉石、织绣、雕刻、古物等器，尤为珍贵。乃若江湖浪漫之作，易长嚣陵，院体细整之为，徒增奢侈，曩昔视为精美，兹已感悟其非，而孜孜于士夫之画，深致意焉。且谓物质文明之极，其弊至于人欲横流，可酿残杀诸祸，惟精神之文明，得以调剂而消弭之。至于余闲赏览，心旷神怡，能使百虑尽涤，犹其浅也。志道之士，据德依仁，以游于艺，精神文明，与物质文明之用，相辅而行，并驰不悖，岂不善哉！岂不善哉！

说艺术

今论国画是艺术，学习艺术者，当先明了艺术之解说，循其方法而力行之，可至于成功。古昔之圣哲，为古今艺术家之祖。观其言论，详其方法，俱载于古人之书与其作品。作品之优绌不易知，并不易见，必读古人之书，以先研究其理论，可即艺术之解说，证之于书以明之。

《周礼·天官·宫正》：会其什伍而教之道艺。注谓：礼、乐、射、御、书、数，艺，才能也。

《前汉书·艺文志》：刘歆有《六艺略》。师古曰：六艺，六经也。

《书·禹贡》：蒙羽其艺。《传》：两山已可种。《诗·小雅》：艺我黍稷。《孟子》：树艺五过往穀。《说文》：艺，种也。

《周官》：教之道艺。道与艺原是一事，不可分析。《易》曰：道成而上，艺形而下。换言之，道是理论，艺是工作。古圣人如周公之多才多艺，孔子之不试故艺。道可坐而言，艺必起而行。自能言者未必能行，能行者不皆能言，于是有劳心、劳力之分。《孟子》曰：劳心者治人，劳力者治于人。艺术之事，徒用其力而不能用其心，所以有才能者，往往受治于人，即与众工为伍，而不自振拔，不谈道之过也。是不研求理论，而艺事微矣。

画本六书象形之一，画法即书法。习画者不究书法，终不能明画法。六艺之目，言书不言画；画属于书之中。唐宋以前，凡士大夫无不晓画，亦无不工书。其书画之名，多为事业文章所掩，不欲以曲艺自见，而人尤鲜称之。故艺术一途，专属之方技，同视为文学之支流余裔，而无足轻重。而安于唐工俗匠者，遂终身于描摹涂抹为能，非但画法之不明，而知书法者亦寡矣。此唐画分十三科，而六法益晦者也。

艺言树艺，如农夫之于五谷，场师之于树木，自播种而灌溉，以及收获，而储藏于仓廪，皆工作也。一年之树如此。若十年之树，其工作较久，而收获更大。至于百年树人，其成效高远，自当出于树木之上，皆由平日之栽培人才，勤劳不倦，用心甚苦，用力甚多。因其关于世道人心，立国基础，兴废存亡，胥在乎此。

是故学者，知艺是才能，详记于古人之书。当如田园之种作，四时勤劳，期于大成，以为世用，必多读书以明其理，求之书法以会其通，游历山川，遍观古人真迹，参之造化，以尽其变。孔门言游艺，先曰志道据德依仁。道是道路，术即是路之途径。艺术是艺事之道路。行道而有得于心之谓德。如流览山川风景，心中皆有所感想，而得以文字图画发扬之。仁者爱人。艺术感化于人，其上者言内美不事外美。外美之金碧丹青，徒启人骄奢淫逸之思；内美则平时修养于身心，而无一毫之私欲。使人人知艺术之途径，得有所领悟，可发扬于世，皆能安生立命，而无忧愁疾病之痛苦。语云：艺术救世。是不可不奋勉之也。

虽然，言之非难，行之维难。行之者宜求见闻。有见闻而无抉择之明，即不能立志。有坚强之志，而误于一偏，则贻害良多。当知艺术为辅助政教，与文字同功。文以载道，则千古不朽。游艺依仁，可知游非游戏，本仁者爱人之心，所谓君子爱人以德，小人之爱人也以姑息。姑息养奸，祸至烈也。此不明理之害，因作说艺于篇。

说蝶

自来言文艺之美善，辄云妙极自然，功参造化，而于卑卑无甚高论者，讥之曰“夏虫不可以语冰”。夫以天地之大，万汇之众，一事一物，观乎其微，周旋动作，而至道存焉。今当三月之辰，严寒已过，时渐晴和，小步庭除，百卉草木，萌芽甲拆，转晌之间，水涘山陬，千红万紫，缤纷掩映，鸟语花香，无非图画。文人墨客，命俦啸侣，著为词翰，形于丹青，对此韶光，良可兴感。吾方蜷伏蘧庐，杂莳花竹，琴书几榻，生趣盎然。际兹春暖，有蝶栩栩而来，胜于名园渌水，流览宠中鹦鹉，沼上鸳鸯，攘攘熙熙，更觉幽静。缅怀庄周，手携《南华》一卷，固天壤之奇文，亦艺圃之先异也。

《庄子》：庄周梦为蝴蝶，栩栩然蝴蝶也，自喻适志欤，不知周也。俄而觉则蘧然周也，不知周之梦为蝴蝶欤，蝴蝶之梦为周欤？周与蝴蝶则必有分矣，此之谓物化。

刘宋谢逸有蝶诗三百首极佳，时称谢蝴蝶。唐滕王元婴画蛱蝶图，有江夏斑、大海眼、小海眼、农村来、菜花子诸名目。宋邓椿尝言：多文晓画。是古人深明画旨者，宜莫蒙庄若也。其梦为蝴蝶，读其文，不啻为画中人也。蝶之为物，自蚁而蛹，及于成蛾，凡三时期。学画者必当先师今人，继师古人，终师造化，亦分三时期。溯自负笈从师，艺术法门，笔墨多方，均由口授，犹蝶之为蚁孵化之时期也。选种择良，资尚聪强，护益师友，宜师今人，此其初步。进于高远，临摹真迹，博通名论，以扩其闻知，犹蝶之为蛹，三眠三起，食叶成茧之时期也。虽或不免规矩准绳，苦于自缚，学之有成，渐能脱化，宜师古人，此其深造。学由人力，妙合天工，入乎理法之中，超乎迹象之外，游行掉臂，潇洒自如，犹蝶之蜕化，栩栩欲仙之时期也。画有纵横万里，上下千年，全师造化，自成一家。如宋元君之画者，解衣槃礴，旁若无人，不枉己以徇人，而复可抱道自重。如楚郢大匠，运斤成风，斫垩而不伤鼻，而后可一气呵成，不为枝节之学。技进乎道，岂徒绘事然耶！否则师心是用，矜夸创作，声华相尚，意甚自豪，比之魏收之作魏书，乃云何物小子，敢与老夫作对，扬之则升天，抑之则下地，非不得意一时，而后世目为秽史。井蛙自大，徒贻惊蛱蝶之讥，是则士者之所羞称，学者所当深戒也。抑又闻之罗浮香雪海，常有仙蝶，耐兹岁寒，往来于千百梅花树下，致与白损玄鹤争年寿之久长，是蝶之不独飞扬于春光明媚之时。容或寓物适志，澄怀观化，其小喻大，知岂有涯哉！

宾虹画语

古人学画，必有师授，非经五七年之久，不能卒业。后人购一部《芥子园画谱》，见时人一二纸画，随意涂抹，已觉貌似，作者既自鸣得意，观者亦欣然许可，相习成风，一往不返。士夫以从师为可丑，率尔作画，遂题为倪云林、黄子久、白阳、青藤、清湘、八大，太仓之粟，仍仍相因，一丘之貉，夷不为怪，此画法之不研究也久矣。要知云林从荆浩、关仝入手，层岩叠嶂，无所不能。于是吐弃其糟粕，啜其精华，一以天真幽淡为宗，脱去时下习气。故其山石用笔，皆多方折，尚见荆、关遗意，树法疏密离合，笔极简而量极工，惜墨如金，不为唐宋人之刻画，亦不作渲染，自成一家。子久生于浙东，久居富春、海虞山水窟中，当朝夕风雨云雾出没之际，携纸墨摹写造物之真态，意有不惬，则必裂碎不存，然犹笔法上师董源、巨然，自开新面，以成大家。白阳、青藤，皆有工整精细之作，其少年为多，见者以为非其晚年水到渠成之候，或不之重，无甚珍惜，后世因为与习见者不同，悉弃不取，故流传者得其一二，见以为名家面目，如是而止，即如《芥子园画谱》是已。自《芥子园画谱》一出，士夫之能画者日多，亦自有《芥子园画谱》出，而中国画家之矩矱，与历来师徒授受之精心，渐即澌灭而无余。

古之师徒授受，学者未曾习画之先，必令研究设色之颜料，如石青、石绿、朱砂、雄黄之类，由粗而细，漂净合用。约五六月，继教之以胶矾绢素之法，朽炭摹度之形，出以最粗简之稿本，人物、山水、花卉，各类勾摹，纨扇、屏风、横直诸轴，无不各有相传之章法。人物分渔樵耕读，花卉分春夏秋冬，山水分风晴雨雪，一切名贤故事、胜迹风景，莫不有稿。摹影既久，渐积日多，藏之笥中，供他日之应求。如是者或二三年，然后授以染笔调墨设色种种。其师将作画，胶矾绢素，学徒任其事。勾勒既成，学徒为之皴染山峦者有之，点缀树石者有之。全幅成就，其师略加浓墨之笔，谓之提神。名大家莫不皆然，而惟以画为市道者尤甚。其中有名大家之师，所造就之徒，已非尽凡庸，然蓝田叔之徒，自囿于田叔，王石谷之徒，自囿于石谷，比比皆然。学乎其上得乎其次，递邅递退，弊习丛生。而后有聪明超越、才力勇锐之人出，或数十年而一遇，或数百年而一遇。其人必能穷究古今学艺之精深，而又有沉思毅力，其功超出于唐常之上，涵濡之以道德学问之大，参合之于造物变化之奇，青出于蓝而胜于蓝。古来之顾、陆、张、吴，变而为荆、关、董、巨，为刘、李、马、夏，为倪、吴、黄、王、沈、文、唐、仇、四王、吴、恽，莫不如是。学者守一先生之言，必有所未足，寻师访友，不远千里之外，详其离合异同之旨，采其涵源派别之微，博览古今学术变迁之原，遍游寰宇山川奇秀之境，必具此等知识学力。而后造就成一名画师，岂不难哉！

画学为士大夫游艺之一。古之圣哲，用之垂教，以辅经传，因必有图。其后高人逸士，寄托情性，写丘壑之状，抒旷达之怀，无名与利之见存也。近今欧人某校员尝谓其学徒曰："画工以鬻艺事谋生，每一时，画得若干笔，心窃计之，可得若干金，必如何而可足吾愿，衣食住三者之费用，日必几何，吾所作画，所获之酬金，当必称是而无或缺。"手中作画，心实为利，安得专心致志，审察其笔墨之工拙？惟中国画家往往不然。其人多志虑恬退，不撄尘网，故其艺事高雅。夫以欧人竞存名利之心，于今为烈，固我国人望尘之所不及，而其服膺中国画事与中国名画家之品诣，如此其诚，抑又何故？吾思之，今之欧美，非世界所称物质文明之极盛者耶？作画之器具颜色，考求无不精美，画家之聪明才智，用力无不精深，而且搜罗名迹，上下纵横，博览参观，不遗余憾。乃今彼都人士，咸斤斤于东方学术，而于画事，尤深叹美，几欲唾弃其所旧习，而思为之更变，以求合于中国画家之学说，非必见异思迁、喜新厌故也。盖实见夫人工、天趣之优劣，而知非徒矩矱功力之所能强致，以是求人品之高尚，性灵之孤洁，谓未可于庸众中期之，有如此耳。

画者未得名与不获利，非画之咎，而急于求名与利，实画之害。非惟求名利为画者之害，而既得名与利，其为害于画者为尤甚。当未得名之先，人未有不期其技艺之精美者，临摹古今之名迹，访求师友之教益，偶作一画，未惬于心，或弃而勿用，不以示人，复思点染，无所厌倦。至于稍负时名，一倡百和，耳食之徒，闻声而至，索者接踵，户限为穿。得之非难，既不视为珍异，应之以率，亦无意于研精。始则因时世之厌欣，易平昔之怀抱，继而任心之放诞，弃古法以矜奇，自欺欺人，不知所之。甚有执贽盈门，辇金载道，人以货取，我以虚应。倪云林之画，江东之家，以有无为清俗；盛子昭之宅，求其画者车马骈阗。既真伪之杂呈，又习非而成是。姚惜抱之论诗文，必其人五十年后，方有真评，以一时之恩怨而毁誉随之者，实不足凭，至五十年后，私交泯灭，论古者莫不实事求是，无少回护。惟画亦然。其一时之名利不足喜者此也。

六法感言

总论

南齐谢赫云：画有六法，一曰气韵生动，二曰骨法用笔，三曰应物象形，四曰随类赋彩，五曰经营位置，六曰传摹移写，是为画称六法之始。欧阳炯《壁画奇异记》曰：六法之内惟形似、气韵二者为先。有气韵而无形似，则质胜于文；有形似而无气韵，则华而不实。郭若虚言：六法精论，万古不移，然而骨法用笔以下五法可学而能，如其气韵必在生知，固不可以巧密得，复不可以岁月到，默契神会，不期然而然也。宋《宣和画谱·叙论》：自唐至宋山水得名者，类非画家者流，然得其气韵者或乏笔法，或得笔法者多失位置，兼众妙而有之，亦难其人。其昌《画旨》言：气韵生动不可学，此生而知之，自然天授；然亦有学得处，读万卷书，行万里路，胸中脱去尘俗，自然丘壑内营，成立郛郭，随手写出，皆为山水传神。古人称凡学画入门，必须名师讲究指示，诚以古人画法，详载古人之书，论记之多，浩如烟海，或有高谈玄妙，未易明言，否即修词混淆，为难晓悟。兹择其简要者，分析而缕述之，俾观于今者有合于古，进于道者可祛其弊焉，拉杂书之，因为感言如下。

气韵生动

何谓气韵？气韵之生，由于笔墨。用笔用墨，未得其法，则气韵无由呈露。论者往往以气韵为难言，遂谓气韵非画法，气韵生动，全属性灵。聪明自用之子，口不诵古人之书，目不睹古人之迹，率尔涂抹，自诩前无古人；或以模糊为气韵，参用湿绢湿纸诸恶习，虽得迷离之态，终虑失于晦暗，晦暗则不清；或以刻画求工，专摹唐画宋画之赝迹，虽博精能之致，究恐失之烦琐，烦琐亦不清。欲除此二者，莫若显其骨干，以破模糊，审其大方，以销刻画。沈宗骞芥舟言：昔时嫌笔痕显露，任意用淡墨之渲染，方自诩能得烟霭依微之致，禾中张瓜田评之为晦，遂痛自艾，始知清气；气清而后可言气韵。气韵生动，舍笔墨无由知之矣。

骨法用笔

唐人画用勾勒，意在笔先，骨法妙处，先立宾主之位，次定远近之形，然后穿凿景物，摆布高低。古人运大幅只三四大分合，所以成章，虽其中细碎处，多要以势为主，一树一石必分正背，无一笔苟下，全幅之中有活落处、残剩处、嫩率处、不紧不要处，皆具深致。明沈灏石天言：近日画少丘壑，只习得搬前换后法耳。凡画须远近都好看。宜近看不宜远看者，有笔墨无局势者也。有宜远看不宜近看者，有局势而无笔墨者也。骨法用笔，原非两事。古人论画有云：下笔便有凹凸之形。此论骨法最得悬解。然笔之嫩与文不同，粗与老不同，指嫩为文，目粗为老，只是自然与勉强之分。如写意之作，意到笔可不到，一写到便俗。又有欲到而不敢到之笔，不敢到者便稚。惟习学纯熟，游戏三昧，而后神行氣至，实处有虚，虚处皆实。一艺之巧，妙合天成，以视貌似神离，自夸高古，其于刘实在石家如厕，便谓走入内室，同属贻诮大方，何多让焉？

应物象形

古人称学花者，以一株花置深坑中，临其上而瞰之，则花之四面得矣；学画竹者，取一枝竹，因月夜照其影于素壁之上，则竹之真形出矣。学画山水者，何以异此！董源以江南真山水为稿本；黄公望隐虞山，即写虞山，皴色俱肖，且日囊笔砚，遇云姿树态，临勒不舍；郭河阳至取真云惊涌作山势，尤称巧绝。师古人不若造化，确系名言。然学者苟于用笔用墨之法，研求未深，平时又不究心于古人派别源流，涂抹频年累月，即欲放眼江山，恣情花鸟，冀以一一收之腕底，无论章法笔法，出于杜撰，其误入歧途尤易。宋韩拙谓寡学之士则多性狂，而自蔽者有三，难学者有二，诚恸之也。

随类赋彩

丹青水墨显分南北两宗。文人之画，自王右丞始，其后董源、巨然、李成、范宽为嫡子，李龙眠、王晋卿、米南宫及虎儿皆从董巨得来，直至元四大家黄子久、王叔明、倪元镇、吴仲圭皆其正传，明之文衡山、沈石田，则又远接衣钵。董思翁谓若马、夏及李唐、刘松年是大李将军之派，非吾辈所易学。

唐之二李父子创为金碧山水，院画中人多于青绿山水上加以泥金，俗又谓之金笔。然画之雅俗，初不以丹青、水墨为别，然黄子久之用赭石，王叔明之用花青，画中设色之法，当与用笔无异，全论火候，不在取色，而在取气。墨中有色，色中有墨，古人眼光，直透纸背，大约在此。若有意而为丹青、水墨，虽水墨亦俗不可耐矣。

经营位置

经营下笔，必留天地。大痴谓画须留天地之位，虽落款之处，皆当注意。山水先理会大山，名为主峰。主峰已定，方作以次近者、远者、小者，大者以其一境主之于此，故曰主峰。南宋马远、夏珪多边角景，画人称马远为马半角，又谓之为残山剩水，以应偏安之局，卷册小幅，仅于几案观玩，虽局势位置，未必尽佳，不至触目。若巨幛大幅，必先斟酌大局，然后再论笔墨。沈石田学力过人，年四十年后方作大幅，可见位置之难。古人尝于高楼杰阁、崇山峻岭，俯瞰平畴大阜，远树荒村，层出靡穷，无不入画，非第一树一石，平视之明晦浅深，遽为能事。盖其变换交接，实有与古之作者颉颃上下，中规折矩，无勿惬心，斯为可耳。

传摹移写

人之学画，无异学书。令取钟、王、虞、柳，久必入其仿佛，至于名家，无不摹拟，兼收并蓄，而后可底于成。若徒守一家之言，务时俗之学，虽极矩步绳趋，笃信谨守，齐鲁之士，惟摹李营丘，关陕之士，专习范中立，非不貌似，多近雷同。况乎古人粉本，几经传写，失其本真，优孟衣冠，岂必尽肖！故巨然、元章、子久、云林，同学北苑，而各各不同，娄江、虞山、金陵、松江，自成派别，而相去不远，何则？取其神而遗其貌，与胶于见而泥于迹者，当有径庭之殊。形上形下，是愿同学者共勉之也。

章法论

自来有笔墨兼有章法者，大家也；有笔墨而乏章法者，名家也；无笔墨而徒求章法者，庸工也。古今相师，不废临摹，粉本流传，原为至重。同一画稿，章法犹是也，而笔墨有优绌之分。笔墨优长，又能更变章法，戛戛独造，此为上乘。章法屡改，笔墨不移。不移者精神，而屡改者面貌耳。昔九方皋相马，能知其为千里者，以赏识于牝牡骊黄之外，而不在皮相之间。夫惟画有章法，因易与人可见，而不同用笔用墨，非好学深思者不易知。独浅尝轻涉之徒，不先习笔墨，但沾沾于章法，以为六法之要旨，如是而止，岂不偾欤？

虽然，章法阴阳开阖之中，俯仰回环，至理所存，非容紊乱。法备气至，功在作者。而况南北异候，物土攸分，方域不同，师承各异，古今递变，繁且赜也。不善变者，守一先生之言，狃于见闻，虽有变换，只习移前搬后法耳。此不可以言章法。画有章法，肇于文字。近人华石斧学涑著《文字系》，言昔者伏羲作卦，首取天象，先民未解地文，故凡仰观所得，画属于天。斯言甚确。古以参商二星记晨昏。二星不能相见，故转为不齐之义。例如篸为竹之参差，槮为木长草盛之不齐貌。《易》云：天下可观莫如木。花枝树叶，至为不齐。古音读参与三同声，故常假为三。例如犙为三岁牛，骖为驾三马，三才称天地人。《说文》云"王"字，三画而联其中谓之王，人与天近，故中画就上，学贯天人也。老子云：圣人法天，天法道，道法自然。是以天生之物，人所不能造；人造之器，天亦不能生。天生者无不参差，故常自然。而人造者每多平直，必事勉强。技进乎道，由勉强而成自然。所谓师今人不若师古人，师古人不若师造化，即人与天近之旨也。欧人言不齐觚三角为美术，其意亦同。三代彝器，阳款阴识，文字之迹，著明分行布白，于不齐之中，伦次最齐，表见章法，是为书画同源之证。至于山水，又称仁智之乐。轩辕、尧、孔广成、大隗、许由、孤竹之伦，必有崆峒、具茨、藐姑、箕首、大蒙之游。汉之蔡邕、赵岐，皆有才艺，工书善画。晋王羲之、献之父子家山阴，顾恺之居晋陵，宋陆探微、梁张僧繇皆吴人，陶弘景秣陵人，生长江南山水之窟，宜其超群轶众之才，自有神助。唐李思训、吴道玄同画嘉陵江水，一则屡月而成，一则一日而毕，繁简不同，皆极其妙。卢鸿隐嵩山，王维家辋川，张志和乐江湖，孙位善松石，朝夕盘桓，其得象外之趣者，无非自然。五代北宋之时，荆浩写太行洪谷，范宽图终南太华，李成画北海营丘，郭熙作河阳云水，又各随其所居之林壑，任情挥洒，章法各自成家，不相沿袭。惟董源、释巨然而后多画江南山，不为奇峭之笔，平淡天真，唐无此品。元汤垕言：宋至董源、李成、范宽三家，山水之法始备。米氏父子师法董巨，高房山、赵漚波齐名于时。元季四家，如黄大痴之秋山，倪云林之枯木，吴仲圭、王叔明之松石，标格各异。要其咸宗董巨，得其一体，皆不失其正。然徒自其外表观之，汉魏六朝尚丹青；唐画有丹青水墨，成南北二宗之分；北宋名家，类多水墨丹青合体，如以丹青画楼阁舟楫、车马器具，而山林树石，多用水墨；至元季如大痴之浅绛，叔明之花青，各有偏重。标新立异，以盛章法，此其显焉者也。至若南宋之刘松年、李晞古、马远、夏珪，虽其残山剩水，习尚纵横，号为北宗，不免为鉴者所嗤议。要不若明初吴伟、张路、郭诩、蒋三松，犷悍恶俗之甚，宜其有野狐禅之目，而无容置喙已。自此而后，文徵仲师唐法，沈石田仿元人，唐子畏、仇十洲犹兼用南宋体格。董玄宰远宗北苑，虞山、娄东接其衣钵。所惜笔墨之功力既逊古人，而章法位置，渐即松懈。其卓越寻常者，蒙以昆陵邹衣白、恽香山为得董北苑、黄大痴之神。新安僧渐江、查梅壑、汪无瑞、程穆倩诸人，为得元季四家之逸，皆能溯源唐宋，掇其菁英，而非徒墨守前人矩矱者也。有清以来，吴门、华亭、金陵、浙江诸派，不克自振，而惟华新罗之花鸟、方小师之山水、罗两峰之人物，可为鼎足而立，皆能不囿于时习，以成其超诣，所画章法，翻陈出新，不为诡异，至今声价之高，重于艺林，岂偶然哉！

今之论者，以为北宗多方，南宗多圆；南宗重笔，北宗重墨；南宗简淡，北宗绚烂，殊不尽然。用方而妄生圭角，便易粗俗。唐子畏于方折棱角之处，格用北宗，无不圆转，倪云林仿荆关折带皴法，峰峦用方，平远之势，不拘迹象，天真幽淡，所以为高。

虚与实

画事精能，全重勾勒；勾勒既成，复加渲染。唐人真迹，二者兼长，细如游丝，匀如铁线。勾勒之道，存于笔意。五日一水，十日一石。渲染之工，著乎墨法。用笔之方，前人纯由口授，未易明言，要赖循序渐进，真积力久，功候既深，方能参悟。若恃一知半解，略事涉猎；或因人事纷扰，败于中途，悠悠忽忽，难收成效。笔意优劣，虽关全幅，然有虚有实二者尽之。名迹留传，其易见者，约有四端：曰平，如锥画沙；曰留，如屋漏痕；曰圆，如折钗股；曰重，如高山坠石，如怒猊抉石。

何以谓平？画法之精，通于书法。宋赵子昂问钱舜举何谓士夫画，答曰隶体。其说是已。然隶法之妙，称有波折，似乎用笔，不可言平。不知水者至平，其流无方，因风激荡，与石抵触，大波为澜，小波为沦，曲折奔腾，不平甚矣。而究其随流上下，因势而行，虽无定形，必有定理。风恬岸阔，平自若也。沙之为物，虽易聚散，以锥画之，必待横直平施，始见迹象；若用一挑半剔，必不成字。明季吴渔山作画，致力于古，极为深厚，实驾清晖、麓台之上。晚年笃信西历天算之学，兼变其画，往往喜为云烟凄迷之状。云间陆旸，称为高足，画变古法，多挑笔，徒观外貌，颇类欧画，阴阳向背，无不逼真。其画初仅见重于东瀛，后竟无传其法者。天趣人工，虽于图画，殊有雅俗之异，亦其挑笔之蔽，用笔不平，自戾于古昝也。

何以谓留？诗曰：将军欲以巧服人，盘马弯弓故不发。此善言留之妙也。非留则邻于浮滑，失于轻易矣。市井之子，不观古迹，勾摹皴擦，专用顺拖，轻描淡写，谓之雅洁。然而笔力薄弱，积弊滋深，其一惑也。江湖放浪，任意挥洒，枒槎枯槁，自以为苍，臃肿痴肥，遂称其润，徒流狂怪，非真才气，又一惑也。其或鉴二者之弊，矫揉造作，故为艰涩，妄作锯齿之形，矜言切刀之法，持之太过，失其自然。善笔法者，譬如破屋漏痕，其为留也，不疾不徐，不粘不脱。古人之工画者，笔皆用隶，元鲜于伯机画法冠绝一代，当时赵子昂犹钦服之，其家多藏晋魏六朝名迹，尝恨自己笔墨不逮古人。一日独坐楼窗，雨后看车行泥淖中，因悟笔法。车止泥中，轮转车行，犹笔为纸墨所滞，笔转而行不滞，即破屋漏痕之意也。漏痕因雨中微点积处展转而下，殊有凝而不浮，流而不滞之理，自与枯涩油滑不同。

何以谓圆？行云流水，宛转自如。顾恺之之迹，坚劲联绵，循环超忽。张芝学杜度草书之法，因而变之，以成令草书之体势，一笔而成，气脉通连。隔行不断，惟王子敬明其深旨，行首之字，往往继其前行，世上谓之一笔书。其后陆探微亦作一笔画，连绵不断，此善悟用笔以圆以方也。玉以刚折，金以柔全，转处用柔，所谓如折钗股。否则妄生圭角，恶态横陈，恣意纵横，锋芒外露，皆不圆之害也。

何以谓重？唐张彦远论画：骨气形似，皆本于立意，而归于用笔，故工画者多善书。张僧繇点曳斫拂，依卫夫人《笔阵图》，一点一画，别是一巧，钩戟利剑森森然。董玄宰《画旨》调士人作画，当以草隶奇字之法为之，折如屈铁，山如画沙，绝去甜俗蹊径，乃为士气。不尔，纵俨然及格，已落画师魔界，不可救药矣。书之藏锋，在乎执笔，沉着痛快。人能知善书执笔之法，则能知名画无迹之说。名画藏迹，此藏锋也。颜鲁公书多藏锋，故力透纸背；董、巨、二米笔雄厚，元季四家，得其笔法；沈石田、唐六如画，皆沉着古厚，即有工细之作，尤能用巧若拙，举重若轻，其视唐工俗子徒涂泽为工者异矣。名家设色，无非处处见笔。宋人皴法，即合勾勒渲染而浑成之，刻画与含糊二者之弊，皆可泯灭。笔法之妙，纯在中锋，顺逆兼用，是为得之。此皆言用笔之实处也。至于虚处，前人谓为分行间白，鄧石如有以白当黑之说，欧人称不齐弧三角为美术，尤贵多观书法，自能得之。

画法要旨

自来以画传世者，代不乏人。笔法、墨法、章法，三者为要，未有无笔无墨，徒袭章法，而能克自树立，垂诸久远者也。不明笔法、墨法，而章法之间，力期清新，形似虽极精能，气韵难求苍润。绳趋矩步，貌合神离，谓之无笔无墨可也。笔墨之法，授之于师友，证之以诗书；临摹真迹，以尽其优长；流览古人，以观其派别；集众善之变化，成一己之面目。笔墨既娴，又求章法。画家创造，实承源流，流派繁多，尽归于法。夫而后山川清丽，花木鲜妍，人物鸟兽虫鱼生动之致，得以己意传写之。艺有殊科，而道皆一致。否则入于歧异，积为弊端，黄大痴邪甜俗赖之识，何良俊谨细巧密之病，学者差之毫厘，谬以千里，潜心省察，审择不可不慎也。慎其审择，造于精进，画之正传，约有三类：

一、文人画（词章家、金石家）；

二、名家画（南宗派、北宗派）；

三、大家画（不拘家数，不分宗派）。

文人画者，常多诵习古人诗文杂著，遍观评论画家记录，笔墨之旨，闻之已稔，虽其辨别宗法，练习家数，具有条理，惟位置取舍，未即安详，而有识者已谅其浸淫书卷，嚣俗尽祛，涵养深醇，题咏风雅，鉴赏之士，不忍斥弃。金石家者，上窥商周彝器，兼工籀篆，又能博览古今碑帖，得隶草真行之趣，通书法于画法之中，深厚沉郁，神与古会，以拙胜巧，以老取妍，绝非描头画角之徒所能摹拟。名家画者，深明宗派，学有师承。然北宗多作气，南宗多士气。士气易于弱，作气易于俗，各有偏毗，二者不同。文人得笔墨之真传，遍览古今名迹，真积力久，既可臻于深造。作家能与文士熏陶，观摩集益，亦足以成名家，其归一也。至于道尚贯通，学贵根柢，用长舍短，器属大成，如大家画者，识见既高，品诣尤至，深阐笔墨之奥，创造章法之真，兼文人、名家之画而有之，故能参赞造化，推陈出新，力矫时流，捄其偏毗，学古而不泥古。上下千年，纵横万里，一代之中，大家曾不数人。揆之画史，特分四品：

一、能品；

二、妙品；

三、神品；

四、逸品。

古人有置逸品于神、妙、能三品之外者，亦有跻逸品于神、妙、能三品之上者。神、妙、能三品，名家之中，时或有之。越于神、妙、能而为逸品者，非大家与文人不能及。虽然，一艺之成，良工心苦，岂易言哉！倪云林法荆浩、关仝，极能槃礴，而其萧疏高致，独以天真幽淡见称。二米父子，承学董元、巨然，勾云画山，曲尽精微。而论者谓其元气淋漓，用笔草草，如不经意，是宋元之逸品画，可居神、妙、能三品之上者也。元明以后，文人偶尔涉笔，务为高古。其实空疏无具，轻秀促弱，未窥名大家之奥窔，而未由深造其极，以视前修，诚有未逮，其外于神、妙、能三品也亦宜。

文人之画，虽多逸品，而造乎神、妙、能三品者，要以文人为可贵。大家、名家之画，未有不出于文人之造作，而克臻于神、妙、能者也。画者常求笔墨之法，又习章法，其或拘于见闻，墨守陈言，门区户别，不出樊篱，仅成能品。能品之作，虽属凡近，苟磋磨有得，犹可日进于高明，其诣力所至，未可限量。而故步自封，或且以能品止也，此庸史之画也。明乎用笔、用墨，兼考源流派别，谙练各家，以求章法，曲传神趣，虽由人力，实本天机，是为妙品。此名家之画也。穷笔墨之微奥，博通古今，师法古人，兼师造物，不仅貌似，而尽变化，继古人坠绝之绪，挽时俗颓放之习，是为神品。此大家之画也。综神、妙、能之长，擅诗、书、画之美，情思淡宕，不以绚烂为工，卷轴纷披，尽脱纵横之习，甚至潦草而成，形貌有失，解人难索，世俗见訾，有真精神，是为逸品。大家不世出，名家或数十年而一遇，或百年而后遇。其并世而生，百里之近，分道扬镳，各极其致，而若继若续，畸重畸轻，历世久远，绵绵而不绝者，则文人之画居多。古人论吴道子有笔无墨，项容有墨无笔，笔墨有失，识者嗤之。文人之画，长于笔墨。画法专精，先在用笔。用笔之法，书画同源。言其简要，盖有五焉。

笔法之要：

一曰平；

二曰留；

三曰圆；

四曰重；

五曰变。

用笔言如锥画沙者，平是也。平非板实。画山切忌图经，久为古训所深戒。画又何取乎平也？夫天地间之至平者莫如水，澄空如鉴，千里一碧，平之至矣。乃若大波为澜，小波为沦，奔流澎湃，其势汹涌而不可遏者，岂犹得谓之平乎？虽然，其至平者水之性，时有不平，或因风回石沮，有激之者使然。故洪涛上下，横冲直荡，莫不随其流之所向，终不能离其至平之性，而成为波折。水有波折，固不害其为平；笔有波折，更足形其姿媚。书法之妙，起讫分明，此之谓平；平，非板也。

用笔言如屋漏痕者，留是也。留易人于粘滞，毫端迂缓，而神气已鲜舒和，腕下迟疑，则精采为之疲苶。笔意贵留，似碍流动，不知用笔之法，最忌浮忌滑。浮乃飘忽不遒，滑乃柔软无劲。古之画者多用牙竹器为搁臂，亦称阁秘。右手运笔，恒以左手扶之。势欲向左，抗之使右，欲右掣之使左。南唐李后主用金错刀法作颤笔；元鲜于伯机悟笔法于车行泥淖中；算法由积点而成线，画家由起点而成线条，皆可参“留”字诀也。粘滞何有也！

用笔言如折钗股者，圆是也。妄生圭角，则狞恶可憎，专事嵚崎，尤险怪易厌。董北苑写江南山，僧巨然师之，纯用圆笔中锋，勾勒皴染，遂为南宗开山祖师。其上者取法籀篆行草，或磊磊落落，如莼菜条，或连绵不绝，如游丝之细，盘旋曲折，纯任自然，圆之至矣。否则一寸之直，皆成瑕疵；累月之工，专精涂饰；目犷悍以为才气，每习于浮嚣；舍刚劲而言婀娜，多失之柔媚，皆未足语圆也。乃知点睛破壁，著圣手之龙头，吐气成虹，写灵光于佛顶，转圜如意，纤巨咸宜，而岂易事摹拟为乎？

用笔之法，有云如枯藤、如坠石者，重是也。藤多纠缠，石本峥嵘，其状可想。况乎蟉形屈曲，非同轻拂之条，虎蹲雄奇，忽跃层岩之麓，可云重矣。然重易多浊，浊则混淆而不清。重尤多粗，粗则顽笨而难转。善用笔者，何取乎此？要知世间最重之物，莫金与铁若也。言用笔者，当知如金之重，而有其柔；如铁之重，而有其秀。此善用重者，不失其为重。故金之重，而以柔见珍；铁之重，而以秀为贵。米元晖之力能扛鼎者，重也；而倪云林之如不着纸，亦未为轻。扬之为华，按之沉实，同一重也。而非然者，误入轻松，如随风飘荡，务为轻淡，或碎景凄迷，其不用重害之耳。

唐李阳冰论篆书曰：点不变谓之布棋，画不变谓之布算。盖画者之用笔，何独不然？所谓变者，非徒凭臆造与事巧饰也。中锋、侧锋、藏与露分。篆圆隶方，心宜手应。转换不滞，顺逆兼施。其显著者，山之有脉络，石之有棱角，钩斫之笔必变。水之有渟逝，木之有枯苑，渲淡之笔又变。郭河阳以水墨丹青为合体，董玄宰称董、巨、二米为一家，用笔如古名人，无一而非变也。盖不变者，古人之法，惟能变者，不囿于法。不囿于法者，必先深入于法之中，而惟能变者，得超于法之外。用笔贵变，变，岂可忽哉！

初学作画，先讲执笔。执笔之法，虚掌实指，平腕竖锋，详于古人之论书法中。善书者必善画。笔用中锋，非徒执笔端正也。锋者，笔尖之谓。能用笔锋，万毫齐力，端正固佳；偶取侧锋，仍是毫端着力。倪云林仿关仝不用正锋，乃更秀润。关仝实正锋也。知用正锋，即稍有偏倚，皆落笔贺浑，秀劲有力。否则横卧纸上，拖沓成章，非失混浊，即蹈躁易。或有一挑半剔，自诩灵秀，浮光掠影，百弊丛生，皆由不用笔锋，徒取貌似之过也。

古人画法，多由口授。学者见闻真实，功力精深。其有未至，往往易流板刻结涩之病。故言六法者，首先气韵。后世急求气韵，临摹日少，一知半解，率趋得易，故纤巧明秀之习多，而沉雄深厚之气少。承先启后，惟元季四家为得其宜。于湿互施，粗细折中，皆是笔妙。笔有工处，有乱头粗服处。正锋侧锋，各有家数。倪云林、黄大痴多用侧锋，王黄鹤、吴仲圭多用正锋。然用侧者亦间用正，用正者亦间用侧。钱叔美称云林折带皴皆中锋，至明之启、祯间，侧锋盛行，易于取姿，而古法全失，即是此意。后世所谓侧锋，全非用锋，乃用副毫。惟善用笔者，当如春蚕吐丝，全凭笔锋皴擦而成。初见甚平易，谛视六法皆备，此所谓成如容易却艰辛也。元人好处，纯乎如此，所由化宋人刻画之迹，而实得六朝、唐人之意多矣。虽然，观古人用笔之法，非深知学古者之流弊，乌足以明古人之法哉？用笔之病，先祛四端，又其要也。

祛笔之病：

一、钉头；

二、鼠尾；

三、蜂腰；

四、鹤膝。

何谓钉头？类似秃笔，起处不明，率尔涂鸦，毫乏意味，名之为乱。古人用笔，逆来顺受，藏锋露锋，起讫有法。若其任情轻意，直下如槌，无俯仰向背之容，作鲁莽火裂之态，不知将军盘马弯弓，引而不发，非故示弱，正以养其全神，一发贯的，与临事之先，手忙脚乱，全无设备者不同。

何谓鼠尾？收笔尖锐，放发无余。要知笔势回环，顾视深稳，无往不复，无垂不缩之妙，故取形蚕尾，硬断有力，提笔向上，益见高超。而市井俗笔，悉以慌忙轻躁之气乘之，如烟丝风草，披靡不堪，徒形其浮薄而已。

何谓蜂腰？书家飞而不白，白而不飞，各有优绌。名人作画，贵有金刚杵法。用笔能毛，点画中有飞白之处，细者如沙如石，如虫啮木，自然成文。或旁有锯齿，间露黑线如剑脊，皆属笔妙；即容笔有不到，意相联属，神理既足，无害于法。浅学之子，未明笔法，一画一竖，两端着力，中多轻细，笔不经意，何能力透纸背？又皴法有游丝、铁线、大兰叶、小兰叶，皆于用笔中间功力有关，宜加细参也。

何谓鹤膝？笔画停匀，圆转如意，此为临池有得之候。若枝枝节节，一笔之中，忽尔拳曲臃肿，如木之垂瘿，绳之累结，状态艰涩，未易畅遂，致令观者为之不怡，甚或转折之处，积成墨团。笔滞之因，由于腕弱。凡此诸弊，皆其易知者耳。

欲祛四弊，宜先明乎执笔之法，用笔无不如意。宋黄山谷言：心能转腕，手能转笔，书字便如人意。古人工书画者无他异，但能用笔耳。唐宋绢粗纸涩，墨浓采重，用笔极难，全凭指上之力，沉着而不浮滑。明初吴小仙、郭清狂、张平山、蒋三松，皆入邪魔，戾于正轨。陆昒系吴渔山高足，不能绍其传者，正以挑笔之故，入于浮滑，由不用中锋之弊也。笔有巧拙互用，虚实兼到。巧则灵变，拙则浑古，合而参之，可无轻佻溷浊之习。凭虚取神，雕实取力，未可偏废，乃得清奇浑厚之全。实乃贵虚，巧不忘拙。若虚与拙，人所难知，而实与巧，众易为力，行其所易，而勉其所难，思过半矣。

论用笔法，必兼用墨；墨法之妙，全从笔出。明止仲题画诗云：北苑貌山水，见墨不见笔。继者惟巨然，笔从墨间出。论用墨者，固非兼言用笔无以明之；而言墨法者，不能详用墨之要，亦不足明斯旨也。清湘有言：笔与墨会，是为絪缊。絪缊不分，是为混沌。辟混沌者，舍一画而谁耶？由一画开先，至于千万笔，其用墨处，当无一笔无分晓，故看画曰读画。如读书然，在一字一句，分段分章而详究之，方能得其全篇之要领。看画如此，画之优劣，无所遁形。即临摹古人，可以知其精神之所属，不至为优孟衣冠，徒取其形似。久之混沌凿开，自成一家。墨法分明，其要有七：

一、浓墨；

二、淡墨；

三、破墨；

四、积墨；

五、泼墨；

六、焦墨；

七、宿墨。

晋魏六朝，专用浓墨，书画一致。东坡云：世人论墨，多贵其黑，而不取其光。光而不黑，固为弃物；若黑而不光，索然无神。要使其光清而不浮，精湛如小儿目睛。古人用墨，必择精品，盖不特藉美于今，更得传美于后。晋唐之书，宋元之画，皆垂数百年，墨色如漆，神气赖之以全。若墨之下者，用浓见水，则沁散湮污，未及数年，墨迹以脱。蓄古精品之墨，以备随时取用，或参合上等清胶新墨研之，是亦用浓墨之一法。

用淡墨法，或言始于李营丘。董北平苑平淡天真，在毕宏上。其画峰峦出没，云雾显晦，岚色郁苍，咸有生息。溪桥渔浦，洲渚掩映，善用淡墨为多。黄子久画山水，先从淡墨落笔，学者以为可改可救。倪云林多作平远景，似用淡墨而非淡墨。顾谨中题倪画云：初学董源，及乎晚年，画益精诣，一变古法，以天真幽淡为宗，要亦所谓渐老渐熟。不从北苑筑基，不容易到耳。纵横习气，即黄子久未能断。“幽淡”二字，则吴兴犹逊迂翁。盖其胸次自别，非谓墨色之淡，顿分优绌。后有全用淡墨作画者，偶然游戏，未可奉为正式。至有以重胶和墨，支离臃肿，遂入恶俗，为可厌矣。

《山水松石格》，传梁元帝撰，其书真赝，姑可勿论；然文字相承，其来已久。中言：或难合于破墨，体尚异于丹青。破墨之名，又为诗文所习见。元人商涛，善用破墨，倪云林尝称之。以淡墨润浓墨，则晦而钝；以浓墨破淡墨，则鲜而灵。或言破墨，破其界限轮廓，作疏苔细草于界处，南宋人多用之，至元其法大备。董源坡脚下多碎石，乃画建康山势。先向笔画边皴起，然后用淡墨破其凹处。着色不离乎此。石之着色重，由石矾头中有云气，皴法渗软；下有沙地，用淡扫屈曲为之，再用淡墨破。是重润渲染，亦即破墨法之一要，以能融洽，能分明，自为得之。米元章传有纸本小幅，藏张苣堂家，幅首大行书“芾岷江舟还”三十六字，其画老笔破墨，锋锷四出，实书法溢而为画。可知破墨之妙，全非模糊。

积墨法以米元章为最备。浑点丛树，自淡增浓，墨气爽朗。思陵尝题其画端，为“天降时雨，山川出云”，董思翁书“云起楼图”。然元章多钩云，以积墨辅其云气，至虎儿全用积墨法画云。王东庄谓：作水墨画，墨不碍墨，作没骨法，色不碍色，自然色中有色，墨中有墨。此善言积墨法者也。至若张彦远所谓画云未得臻妙，若沾湿绢素，点缀轻粉，从口吹之，谓之吹云；郭忠恕作画，常以墨渍缣绢，徐就水涤，想象其余迹；朱象先画，以落墨后，复拭去绢素，再次就其痕迹而图之，皆属文人游戏，未可奉为法则。否则易入魔障，不自知之。

唐王洽性疏野，好酒醺酣后，以墨泼纸素，或吟或啸，脚蹴手抹，随其形状，为石为云为水，应手随意，倏若造化，图出云霞，染成风雨，宛若神巧，俯观不见其墨污之迹，时人称曰王墨。米元章用王洽之泼墨，参以破墨、积墨、焦墨，故融厚有味。南宋马远、夏珪，皆以泼墨法作树石，尚存古法。其墨法之中，运有笔法。吴小仙辈，笔法既失，承伪习谬，而墨法不存，渐入江湖市井之习，论者弗重，董玄宰评古今画法，尤深痛恶之。惟善用泼墨者，贵有笔法，多施于远山平沙等处，若隐若见，浓淡浑成，斯为妙手。后世没兴马远之目，与李竹懒所谓泼墨之浊者如涂鬼，诚恐学者坠入恶道耳。

明顾凝远谓：笔墨以枯涩为基，而点染蒙昧，则无墨而无笔；以堆砌为基，而洗发不出，则无墨而无笔。又言：笔太枯则无气韵，墨太润则无文理。用焦墨与宿墨者，最易蹈枯涩之弊。然古人有专用焦墨或宿墨作画者。戴鹿床称程穆倩画“干裂秋风，润含春雨”，干而以润出之，斯善用焦墨矣。古人用宿墨者，莫如倪云林，以其胸次高旷，手腕简洁，其用宿墨重厚处，正与青绿相同。水墨之中，含带粗滓，不见污浊，益显清华，后惟僧渐江能得其妙。郭忠恕言运墨，于浓墨之外，有时而用焦墨，有时而用宿墨，是画家墨法，不可不求其备。而焦墨、宿墨，尤以树石阴处，用之为多。古人言有笔有墨，虽是分说，然非笔不能运墨，北墨无以见笔，故曰但有轮廓而无皴法，即谓之无笔；有皴法而不分轻重向背明晦，即谓之无墨。墨中用法，分此数端，神而明之，存乎其人而已。

沈颢言：笔与墨全在皴法。皴之清浊在笔，有皴而势之隐现在墨。米元章言：王维画见之最多，皆如刻画，不足学，惟以云山为戏，是其所长。此唐宋人偏于用笔用墨之所攸分。元季四家得笔墨之法，大称完备。明自沈石田、文徵明而后，多尚用笔；后入枯硬干燥一流，索然无味。董玄宰出，其画前摹董巨，后法倪、黄，墨法之妙，尤为独得。随手拈来，气韵生动，墨之鲜彩，一片清光，奕然宜人，海内翕然从之，文、沈一派遂塞。娄东、虞山奉玄宰为开堂说法祖师，藩衍至今，宗风未沫。然董画墨法，多作兼皴带染，已非宋元名人之旧。至增介邱、释清湘，稍稍志于复古，上师梅道人，而溯源于董、巨，南宗一派，神气为之一振。旨哉！清湘谓为画受墨，墨受笔，笔受腕，腕受心，如天之造生，地之造成。笔墨之功，先师古人，又师造化，以成大家，为不难矣。

画学升降之大因

昔称宋人善画，吴人善冶；名家荟萃，先兴于宋，赋色工丽，尤盛于吴。吴中画派，轻秀有余，藉藉入口，今犹艳之。至于宋人，如左氏之言宋聋、孟子之言无若宋人然，世皆以愚蒙等诮。然《庄子》载：宋元君时，图画众史皆至，受揖而立，舐笔和墨在外者半。有一史后至，儃儃然不趋，受揖不立，因之舍，使人视之则解衣槃礴，羸，君曰：可矣，是真画也。观其气度大雅，旁若无人，以视众史，伈伈伣伣，慑服于权威之下，奚啻霄壤！善哉邓椿有云：多文晓画。惟蒙庄之文，能状画者真态。可知画家能手，别有一种高尚思想，不假修饰，嚣嚣自得，流露形骸之外，初非人世名利所能挠。如此可以论古今优劣已。

上古书画同源，道与艺合，后世图画各异，道与艺分。盖自结绳画卦，虞廷采绘，夏鼎象物，商岩旁求，周公、孔子，多才多艺。古之创造，本乎圣贤，久则因循，成为流俗，补偏捄弊，准古酌今，不朽之业，往往非关廊庙，而在山林。何则？三代而上，君相有学，道在君相；三代而下，君相失学，道在师儒。学之所系，顾不重哉！汉承秦世，至武帝时，崇尚儒术，以经文饰吏治，于是董仲舒、公孙弘之伦，务以伪学相蒙。画史毛延寿辈，习其颓风，皆惟利禄是图，比于司马相如，受赂千金，作《长门赋》，其何以异！一则因文见宠，播为美谈；一则婪贿重惩，致遭显戮。虽曰祸福不齐，要亦重文轻艺之见端也。

东汉之初，严陵高隐，濯磨儒行，激引清流，文学之士，尊崇艺能，叙述画人，赵岐、张衡，皆所著录。晋则王氏父子羲之、献之，戴逵、戴颙祖孙称盛，刘宋之宗炳、王微，因传论文，陈之顾野王画图，王褒书赞，文采风流，照耀宇宙，固非特顾恺之、陆探微、张僧繇、展子虔之徒工六法已耳。自汉明帝，设鸿都学，别开画室，置尚方画工，洎于李唐，阎立德历官尚书，立本拜右相，兄弟以画齐名；吴道玄供奉时，为内教博士；李思训官左武卫大将军，因此待诏、祗侯请职，详于史传，可谓众矣。南唐、后蜀有翰林待诏，并开画院；宋初增画学正学生，转国子博士，徽宗更加荣宠，赐绯紫佩鱼，俸值支给，不以众工待之，尤异数也。然而考试题材，诗词并举，非不新巧，但以艺极精能，或流匠作，格多拘忌，常乏自然，为世诋议。岂不惜哉！岂不惜哉！

夫图画之事，文字之绪余，士夫之游戏耳。一艺之成，必先论品。盖以山川磅礴之气，草木雨露之华，著为丹青，形之楮墨，偶然挥洒，具见性灵，拓此胸襟，俱征娴雅。其人有若顾长康之痴，范中立之缓，米漫仕之颠，倪幻霞之迂，皆不为病。维能精义入神，与众殊异，乃成绝艺。故谢去尘俗，曲尽幽微，类多际世艰虞，处身因阨，甘自肥遁，不求人知。如洪谷子隐居太行山中，李营丘避地北海，黄、吴、倪、王，生丁元季；石谿、清湘、渐江，成名清初，讵有时乎？非得已也。

宋东坡论吴道子、王摩诘画，曰“维也无间言”。米元章创为墨戏，自言无吴道子一毫俗气；明初戴进、吴伟，追踪马、夏，渐趋犷悍，为世惊骇；至郭诩、张路、蒋三松，恶俗极矣！时则王叔明、赵善长、陈汝言诸贤，夷戮殆尽，非有沈石田、文徵仲崛起，南宗正派，无由振拔，不能斥野狐禅之邪。前清娄东、虞山，上承董思翁之传，石谷画《南巡图》，麓台内廷供奉，名非不显，识者谓为师法宋元，华滋浑厚，恒不逮古。因有君学，枉己徇人之意存乎其间，朝市之气，未能摆脱，可深惋惜。若方小帅、罗两峰、华新罗、高南阜，生当挽近，追摹古昔，肥不臃肿，瘦不枯羸，欲于四王、吴、恽之外，独树一帜，益以闻见既宏，资学俱备，故非涂泽为工、苍莽为古者所能仿佛。是画师古人，兼师造化，方能有成。取古人之矩矱，参造化之殊变，画学渊源，不致失堕。若断若续，绵绵千古，端赖山林隐逸、骚人墨客为多。然非汉晋之世，朝宁砥砺名节，唐宋荐绅，通晓绘事，宣和、宣德宫闱之际，雅重丹青，则评骘品流，甄择优绌，无由审确。学者如牛毛，获之如麟角，庸史之多，一代之中，可千百计；而特出之士，百年千里，曾不数人。昔米南宫临晋唐书画，辄曰若见真迹，惭惶煞人。不实学之是务，而徒事声华标榜，以延誉于公卿之前，虽弋浮名，縻厚禄也，又奚益耶！

怎样才是一张好画

余喜习绘事，生长新安山水窟中，新安古称大好山水，至今韪之。顾古人言好山水尝曰：江山如画。“如画”之谓，正以天然山水，尚不如人之画也。画者深明于法之中，能超乎法之外，既可由功力所至，合其趣于天，又当补造物之偏，操其权于人，精诚摄之笔墨，剪裁成为格局，于是得为好画，传播于世。世之欲明真宰者，舍笔法、墨法、章法求之，奚可哉乎！

法乾，古今授受不易之道。石涛《语录》言：古人未立法以前，不知古人用何法；古人既立法以后，又使后人不能离其法。其曰我用我法者，既超乎法，而先深明于法者也。“法”字原从廌作灋。廌，兽名，性触邪，故法官之冠，取以为饰，与法为水名异，今省作“法”。本意法当如折狱之有律，所以判别邪正，昭示疑信也。自人各挟其私见，以评论是非，视朱成碧，取赝乱真，颠倒于悠悠之口者多矣。

人皆有爱好之心，宜先有审美之旨。艺术之至美者，莫如画，以其传观远近，留存古今，与世共见也。小之状细事微物之情，大之辅政治教育之正，渐摩既久，可以感化气质，陶养性灵，致宇宙于和平，胥赖乎是。故人无贤否智愚、尊卑老少，莫不应有美术之观念。然美无止境，而术有不同，学者宜深致意焉。

世有朝市之画，有山林之画。院体细谨之作，重于貌似，而笔墨或偏。士夫荒率之为，得于神来，而理法有失。故鉴之者，于工笔必观其笔墨，于逸品兼求其理法。工于意而简于笔，遗其貌而取其神。用笔之妙，参于古人之理论，用墨之妙，审于名迹之真本。多读古书，多看名画，更须多求贤师益友，以证其异同，使习工细者，不入于俗媚，学简易者，不流于犷悍，渐积日久，不期于美而美在其中。否则专工涂泽，则无盐、嫫母，益见其媸，任情放诞，牛鬼蛇神，愈形其恶。彼盲昧者，徒惊其妖冶，诧为雄奇，堕五里雾中，沉九泉下，而不之悟，皆误认究本寻源为复古，用夷变夏为识时。因未求笔法、墨法、章法，致浪漫而无所归也。

必也师近人兼师古人，而师古人不若师造化。师其所长，而遗其所短，在精神不在面貌。夫而后为繁为简，各得其宜，或毁或誉，无关于己。若其自信有素，不欲为时俗所转移，昔庄叟谓宋元君画者，解衣槃礴，旁若无人，是真画者，其知言哉！

水墨与黄金

昔李营丘师王维，倪云林师关仝，所画山水，皆以水墨，类多寒林平远，笔意简淡，谓为惜墨如金。汉魏六朝，绘画之事，设施五彩，尚用丹青。前汉杜陵人毛延寿，画人形丑好老少，必得其真。元帝尝使画工图后宫美人，按图召幸。诸宫人皆赂画工，独王嫱不肯。后匈奴求美人为阏氏，帝以王嫱行。及去召见，貌为后宫第一，帝乃穷案其事，延寿等皆弃市。汉兴，朝廷以经术饰吏治，张禹、公孙弘之徒，诈伪相承，流品卑下。当武帝时，陈皇后得幸颇妒，别在长门宫愁闷悲思。闻蜀郡成都司马相如天下工为文，奉黄金百斤，为相如文君取酒，因为解悲愁之辞。而相如为文，以悟主上，陈皇后复得亲幸。夫元帝诸宫人之赂画工，不过袭陈皇后故智耳。而司马相如之赋，与毛延寿之画，皆以文艺，如后人之得润金，初无彼此之别，其受赂同也。后汉崇尚气节，士夫多砥砺品行，故能廉介自守，以为名高。沿于晋室，其风犹有存者。晋陵顾恺之，义熙中为散骑常侍，博学有才气，丹青亦造其妙，笔法如春蚕吐丝，初见甚平易，且形似时或有失，细视之六法兼备。傅染以浓色微加点缀，不求晕饰，而俗传谓之三绝：画绝、痴绝、才绝。方时为谢安知名，以谓自生民以来，未之有也。《历代名画记》京师寺记云：兴宁中，瓦官寺初置，僧众设会，请朝贤鸣刹注疏。其时士大夫莫有过十万者。既至长康，直打刹注百万。长康素贫，众以为大言，后寺众请勾疏，长康曰：宜备一壁。遂闭户往来月余，日所画维摩一躯。工毕，将欲点眸子，乃谓寺僧曰：第一日观者请施十万，第二日可五万，第三日可任例责施。及开户，光照一寺，施者嗔咽，俄而得百万钱。当僧众请朝贤鸣刹注疏，犹今之募捐金钱。顾长康，字恺之，直打刹注百万，以素贫之人而为大言，亦犹汉高祖为亭长时，单父吕公客沛，令沛中豪杰吏皆往贺。萧何为吏主进，令诸大夫曰：进不满千钱，坐之堂下。高祖给为谒者曰：贺钱万。实不持一钱。其傲慢之气，与此相类。惟高祖有其仪表，长康有其艺术，皆足以动众而无所诎。吕公能知高祖为非常人，寺僧能知长康为非常之画，其知遇同之。长康工毕点睛，俄致百万，佛教兴盛，艺事光昌，相得益彰，有固然已。由此六朝画壁，仙释人物山水鱼龙之作，师徒授受，优劣错综，郡邑之间，不可殚述。长安许道宁学李营丘画山水。营丘业儒属文，气调不凡，磊落有大志，因才命不偶，遂放意诗酒之间，寓兴作画，以自娱耳。适有显者招，得书愤笑，谓：吾儒生，游心艺事，奈何使人羁入戚里宾馆！研究丹粉，与史人同列，此戴逵之所以碎琴也。却使其不应，后显者阴以厚赂其相知，术取数幅焉。道宁初，以卖药都门，画山水聚观者，故蚤年所画恶俗。至中年脱去旧学，稍自检束，行笔简易，风度益著，至细微处始入妙理，评者谓得李营丘之气。画者不能多诵诗书，而惟相安于庸众，无论其胸次猥琐，见闻俗陋，难于脱除朝市、江湖之习。即令昕夕临摹真迹，亦徒拘形似，不得超于笔墨之外。所以唐宋以来，院画虽工，其营营于利禄者，皆不足观已。

虽然，图画者，文字之余事。《隋书》：郑译拜上柱国，高颎为制，戏曰笔干，答曰：出为方伯杖策，言归不得一文，何以润笔？其后李邕、皇甫湜、白居易、饶介之，得润最巨。作画取润，当亦始于隋唐，而盛于宋元。宋南渡后，李唐初至杭，无所知者，货楮画以自给，日甚困。有中使识其笔，曰“待诏作也”，而唐之画，杭人即贵之。唐有诗曰：“雪里烟村雨里滩，为之容易作之难；早知不入时人眼，多买胭脂画牡丹。”可知李唐多画水墨。至于流离颠沛，无复所之，卖画自给，殊可悯矣。元季吴仲圭，生时与盛懋同坐闬。懋画远近著闻，求者踵相接也。然仲圭之笔，绝不为人知，以坎坷终其身。《书画舫》言：今仲圭遗迹高者价值百千，懋图至废格不行。古今好尚不同，必俟久而论定如此。明初王冕画梅乞米，夏昶喜作竹石，求者无虚日，一一应之，得者宝藏。时为之语曰：太常一竿竹，西凉十锭金。海国兼金购求，声价已贵。姚公绶早年挂冠，优游泉石，画法吴仲圭，至□[1]成图，或售于人，遂厚价返收之，以自见重。朱朗师文徵明，称入室弟子。时有金陵客寓于吴，遣童子送金币于朗，求作待诏赝本。童子误送文宅，致主人求画之意，徵明笑而受之曰：我画真衡山，当假子朗可乎？一时传为笑谈。朱朗字子朗，徵明号衡山也。陈章侯画梅竹卷跋云：辛卯暮秋，老莲以一金得文衡山画一幅，以示茂齐。茂齐爱之，便赠之。

数日后，丁秋平之子病笃，老莲借茂齐一金，赠以资汤药。孟冬，老莲以博古页子饷茂齐。时邸中阙米，实无一文钱，便向茂齐乞米，茂齐遗我一金，恐坠市道，作此酬之，以矫夫世之取人之物，一如寄焉者。高士奇言：陈老莲不问生产，往往以笔墨周友之急。其所自跋可见。

一日，朋侪叙话，言间以何者为值最贵，或举珠宝，或指书籍。友云当以画中水墨为值最贵，如李营丘、倪云林画之简淡，费墨几何，其值可千百计。惟古之画者，自重其画，不妄予人，故价愈高，而世亦宝，非若近今作家，艺成而后，急于

1　底本如此。——编者注

名利，恒多为大商巨贾目为投机之用。甘为人役，非求知音，虽致多金，奚足重焉！

山水画与《道德经》

昔人论作画曰读万卷书，蒙见以为画者读书宜莫先于《老子》。盖《道德经》为首，有合于画旨，《老子》为治世之书，而画亦非徒隐逸之事也。孔子适周，老子谓之曰：君子得其时则驾，不得其时则蓬累而行。古之画者始晋魏，六代之衰而有顾、陆、张、展，五季之乱而有荆、关、董、巨，元季有黄、吴、倪、王，明末有僧渐江、释石谿、石涛之伦，皆生当危乱，托志丹青，卒能以其艺术拯危救亡，致后世于郅隆之治，其用心足与《老子》同其旨趣，岂敢诬哉！

三代以前，以儒术治天下。汉兴，黄老之学始盛行，文景因之以致治。西汉之治，比隆三代。河上公注《道德经》，谓为五味辛甘不同，期于适口，麻丝凉燠不同，期于适体；学术见闻不同，要于适治。今夫天下所以不治者，贪残奢傲，更不能皆良，民不能皆让，以及于乱。故画之高者恒多隐逸之士，一意孤行，不屑睇荣希宠，甘自蹈于林泉，固殊于庸众，其人之高风亮节，往往足与忠义抗衡，而学术之正，又得秉经酌雅，发扬豪翰，如诸子之有功圣经。是以一代之兴衰，视乎文化之高下；艺术之优绌，由于品格之清俗。图画者，文字之绪余，工艺之肇始，有关学术、政治，非泛泛也。

《宣和画谱》言：司马迁叙史，先黄老而后六经，议者纷然。及观扬雄书，谓六经济乎道者也，乃知史迁之论为可传。汉兴，张良学《老子》，多阴谋，邵康节特称老子得《易》之体，留侯得《易》之用。不知萧何收秦图籍，已开叔孙通定《礼》、公孙弘治《经》之先，黄老之学已与刑名并盛。画家首重理法。惟去理法而臻于自然者，可以为道。行道而有得于心谓之德。太上立德，其次立功，其次立言，是三不朽。《老子》，古今不朽之书，画亦古今不朽之业。

大凡游览山水，一丘一壑，足迹所经，必先考其志乘，详其遗轶，诗词之歌咏，人物之荟萃，而后有味乎山水之美景，得形之图画，以为赏鉴而永其传。否则山水与图画皆非灵活，虽游览，亦同勉强。不特此也。以山水之心读古人之书，悟文理之妙，有如明太祖云：观《道德经》中尽皆明理，其文浅而旨奥。见本经云：民不畏死，奈何以死惧之！当是时，天下初定，民顽吏弊，虽朝有十人而弃市，暮有百人而仍为之。如此者，岂不应《经》之所云，因罢极刑。复睹其文之行用，谓若浓云霭群山之叠嶂，外虚而内实，貌态仿佛其境；又不然，架空谷以秀奇峰，使昔有巍峦，倏然成于幽壑；又若皓月之沉澄渊，镜中之睹实象，虽形体之如，然探亲不可得而扪抚。是论《道德经》，直谓之论画可也。清世祖序《老子》云：非虚无寂灭之道，亦非权谋术数之学。故其注中所阐明者，皆人事常经。说者谓由睿鉴宏通，包涵万有，随在可以观理，非过谀也。故尚自然。方今人欲横流，道义沦丧，偶有訾诋。辄动兵戈，人民流离，血膏原野，时将救死扶伤不暇，更何学术之可言。然西邦人士，自欧战以后，渐悟争夺之不可以久长，因有东方文化之倾向。吾国学者，鉴于外侮迭乘，国学凌替，咸思有以振兴而董理之，遗其糟粕而尚精华，去其淫黷而趋雅正。故夫浚发性灵，顺应物理，行之永远，其可予人永久欣幸者，宜莫文字与图画若已。图画非文字不详，文字非图画不显。然而世俗之所谓图画者，不过宫室人物之美丽，卉木鸟兽之鲜妍，徒足增益侈靡贪戾之观瞻，而不能为藏息优游之涵养。此人心世道之忧也。夫惟存止足之思，极冲虚之气，行藏无与于己，毁誉可听之人。古之画者，其庶几乎？澄怀观化，少私寡欲，故曰返淳朴，非虚言也。本斯旨也，养身安民，推而行之，谓道极之于玄则曰无。

《老子》首言体道，曰：道可道，非常道。名可名，非常名。道本归自然，名亦未可强求。画以羽翼经传，辅助政教，其来已旧。《周礼·冬官》：画绘之事，杂五色以为设色之工。于是丹青一道，设官分职。郑司农云：画天随四时色，火以圜，山以章，水以龙鸟善蛇，杂四时五色之位以章之，谓之巧。凡布采之次第，皆循途径，若道路然，莫不各有方位之可言，所谓“道可道”者是也。虽然，此特言画工之画耳。自南齐谢赫云：画有六法，一曰气韵生动，二曰骨法用笔，三曰应物象形，四曰随类赋彩，五曰经营位置，六曰传摹移写，是为画称六法之始。唐张彦远论画六法曰：古之画，或遗其形似，而尚其骨气。以形似之外求其画，此难与俗人道也。今之画纵得形似，而气韵不生。以气韵求其画，则形似在其间矣。论者往往以气韵为难言。离气韵而谈画法，即是呆法。守其呆法，循其轨辙，亦步亦趋，终成庸夫。五代荆浩《画山水录》云：气者，心随笔运，取象不惑；韵者，隐迹立形，备遗不俗。故曰造化之神秀，阴阳之明晦，万里之远，可得于咫尺间。非其胸中具有丘壑，发而见诸形容，未必知此。自唐至宋，以山水画得名者，类非画家者流。董其昌《画旨》言气韵不可画，此生而知之，自然天授。然亦有学而得处，读万卷书，行万里路，胸中脱去尘俗，自然丘壑内营，成立郛郭，随手写出，皆为山水传神。因以气韵生动，全属性灵，绘画之事，归于士习。其人为逸才隐遁之流，名卿高蹈之士，悟空识性，明了烛物，得其趣于山水者之所作也。

梁陶弘景画品超迈，笔法清真，鉴者谓惟南阳宗少文、范阳卢鸿一，其遗迹名世，差堪鼎足。南宗之画，自唐王右丞始分。其后五代北宋董源、巨然、李成、范宽为嫡子，李龙眠、王晋卿、米南宫及虎儿，皆从董巨得来。直至元四家黄子久、吴仲圭、倪元镇、王叔明，皆其正传。明代文徵仲、沈石田，则又远接衣钵。后世因疑气韵专属南宗，而以北宋目为匠派，不知古人所谓书卷气，不以写意、工致论，要在乎雅俗之分耳。不善学者，学王石谷，易有朝市气，学僧石涛，易有江湖气，而况急于求名，近名即俗。唐宋以上，画不书名，而名常存；元明之人，生前无名，而名以永。清俞曲园著《诸子评议》，谓《老子·体道篇》非常道、非常名之常，常，古与尚通。尚者，上也。《道德经》言德上德不德，即其旨也。

《老子》言：常无欲以观其妙，常有欲以观其徼。宋司马温公、王荆公读《老子》，并于无字有字为绝句。常字依上文当作尚，下云此两者同出而异名，同谓之玄，正承有、无二义而言。若以无欲、有欲作连读，既有欲矣，岂得谓之玄乎！有无云者，即画家分虚实之谓也。天地初开，万物化生，自色自形，总总林林，皆莫得而名也。画树木者曰某单夹点叶，画山石者曰某横直皴纹，初不必名其为何树何山，故曰无名。天地之始，有名万物之母，山实则应之以云烟，山虚则实之以楼阁，自无而有，自有而无。此虚实之间，有笔法，有墨法，有章法。实处易，而虚处难。用实之处，尚可以功力造之，凭虚之处，非可以摹拟为之。丈山尺树，寸马豆人，远人无目，远树无枝，远山无石，远水无波，善用虚也。山腰云塞，石壁泉塞，楼台树塞，道路人塞，善用实也。无虚非实，无实非虚；虚者自虚，而实者非实。故曰：有之以为利，无之以为用。老子以无为宗，是谓无状之状，无物之象，是为惚恍。道之为物，惟恍惟惚。惚兮恍兮，其中有象；惚兮恍兮，其中有物。笔者，虽依法则，运转变通，不质不形，如飞如动。墨者，高低晕淡，品物浅深，文采自然，似非因笔。夫而后笔中有墨，墨中有笔，丹青隐墨墨隐水。笔笔是笔，即笔笔是墨。昔观董北苑画者，近只见其笔墨之流动酣畅，远而望之，则林木之远近，冈峦之重叠，其中村落，映掩浮岚夕照间，半阴半阳，无不毕露。不言章法，而章法自无不妙，与道同归自然，此其所以为神耳。

宋董逌论画，言明皇思嘉陵江山水，命吴道玄进，嘉陵江三百里，一日而尽，远近可尺寸许也。评之者言天地生物，特一气运化耳，其功用与物推移，故能成于自然。考吴道子所画多水墨，笔法超妙，为百代画圣，行笔磊落挥霍如莼菜条，殆又悟老子所谓五色令人目盲，因思知其白、守其黑者耶！不然，何与世之晕形布色、求物比似者，其不相侔若此。非其神明于画，知求于造物之先，凡赋形出象，发于生意，而能得之自然乎！

文字书画之新证

中西学术沟通，近数十年，中国文物发现前古，裨益世界文化，不为不多。有如洹水甲骨，西陲简牍，以及周秦汉魏匋瓦髹漆、泉币古印，六朝三唐写经佛像、书画杂器，椎拓影印，工技精良。欧美学者，若法兰西之拉克伯里，著解《易经》，有《说离卦》；近人刘氏师培试用其例，以解坤、屯二卦，著《小学发微》。英吉利之考龄，美利坚之查尔，所得甲骨文字残片，藏于英美博物院；坎拿大[1]之明义士，有自述篇文。海外名人辈起，一时中国硕儒俊彦，若孙诒让、罗振玉、王国维、郭沫若诸氏，俱多著作，先后响应，班班可考，何其

1　即加拿大。——编者注

盛也。文字图画，初非有二，六艺之中，分言书数，支流派别，实为同源。金文亚形，阳款阴识，古之国旅，今称图腾。玺印出土，文字繁多，书画错综，合于一器，诙奇玮异，不减卜辞。蝌蚪虫鱼，实侔孔壁，经传诸子，可资佐证，前人未睹，诚为缺憾。昔谓蛮夷，亦言戎殷，方国都邑，迻易姓氏，垂诸后世，有迹可寻，似宜油绎，广为传古。春秋战国，此数百年，关系学术，尤属重要。文艺流美，非徒见三代图画而已。

夏禹九鼎，图形魑魅；屈原《天问》，画壁祠堂；老庄告退，山水方滋；苏、米以来，士夫甚盛。分朝、夕、午三时山，即欧画之言光线焦点，犹中国画之论笔墨。米虎儿笔力扛鼎，作《突鹘图》；黄大痴墨法华滋，烟云供养，无非心师造化，寄情毫素，不屑巧合时趋，求悦俗目也。

古之论画者，必超然物外，称为逸品。作画言理法，已非上乘，故曰“从门入者，不是家珍”。画者处处护法门，竭毕生之力，兀兀穷年，极意细谨，临摹逼真，不过一画工耳。唐宋以前，上溯三代，古之君相，至卿大夫，莫不推崇技能，深明六艺。道形而上，艺成而下。学者志道据德，依仁游艺，通古而不泥古，非徒拘守矩矱，致为艺事所缚束，人人得其性灵之趣，无矫揉造作之讥。韩非子言画筴者，其虚空之外望之如成龙蛇。庄子云：宋元君画者，解衣槃礴，旁若无人。其气概自异于庸常。而上焉者，好善而忘势，下焉者，安贫而乐道，岂不懿欤！未易几也。

虽然，艺术特出之人才，尤多造就于世运颠连之际，而非成于世宇全盛之时。唐之天宝，王维、李思训、吴道子，皆杰起之大家，五季有荆、关、董、巨，元季有倪、吴、黄、王，明代启祯忠节高隐之士，实繁有徒。清室咸同，金石学盛，画事中兴，名贤辈出，垂誉艺林，后先济美。今之学者，虽际时艰，宜加奋发。况乎画传、画评、画考诸书，著作如林，肤杂滥竽，恒多偏毗，舛谬相仍，亟应纠正。邪甜俗赖，趋向末端。直谅多闻，集思广益，尤望博雅君子，儒林文人，进而教之，归于一是。将见斋光异彩，照耀今古，继往开来，振兴邦国而无难已，可不勉哉！

改良国画问题之检讨

一、自来礿豹祥羊，假借读《易》，驺虞麟趾，比兴言《诗》。《易》先以图，《诗》中有画。图画之作，文极至也。合乎时代命题，宜如赵式灵王胡服，吴宫中教美人战等目，务期臻于古雅。否则胸无书卷，意少涵蓄，则必不衫不履，搬东移西，一切恶态怪状之物阑入其间，便失中国原有画之宗旨，望之令人生厌，求如白话之通俗，电影之近情，尚不易得。曩见故宫南迁画卷，一庸史作《清明上河图》，所绘汴梁景物之盛，仕宦臣僚，农工商贾，城垣宫室，器用咸备，后赘新式洋枪队一班，蛇足岂不可笑！

二、画有六法，三曰应物写形，四曰随类赋采。作中国画，取材时下景物，原无不可。唐画分十三科，山水为首，界画打底。赵松雪诫其子雍留意习界画。当时父子皆以画马称第一，值戎马仓皇之际，沦材厩肆，其笔墨因为贵族所赞赏。画法古雅，宗尚唐宋，柯九思称其从韦偃《暮江五马图》、裴宽《小马图》得来，心慕手追，不期而至，故能冠绝古今，留传后世。

三、人物写真，本有中国古法。唐宋画家注重人物，元明高手尚遵法度。杜甫诗曰“每逢佳士必写真”，又曰“不貌寻常行路人”，古人极意避免恶俗，先从理法入手，绝不含糊。

四、艺专学校，画重写生，虽是油画，法应如此。中国画论：师古人不若师造化。换言之，临摹古人不如写生之高品。然非谓写生可以推翻古人。舍临摹而不为，妄意写生，非成邪魔不可。鄙见学校教授国画，应分三期，练习方法，为合正轨，以研究笔法、墨法。先习人物，继习花鸟。人物分游丝、铁线、大小兰叶三种，练习笔法；花鸟分双钩、没骨、钩花点叶三种，练习笔法兼墨法为一期。以参考历代古画变迁，及各家造诣得失，选择临摹，备存蓝本为二期。遍览古今评论，博采天地人物自然景次，变通古人陈迹，务不其失精神，兼习山水为第三期。毕业之后，方合应用精益求精之法，不致入于歧途。空谈写生，必无实效。

五、古来图画命题校士，详于史乘，不可枚举。今所及见，类多后世景慕前贤功烈文采，或观于本传，或得之传闻，写其景物，拟其形容，不必皆为当日目睹。亦有因地系事、见物怀人者。如洛阳都邑，花盛牡丹，衡岳湘流，秀钟斑竹，即画牡丹一枝，斑竹数竿，可以表见古今人物轶事。况有文人题咏，名士书跋，慷慨而谈，淋漓尽致，何事粘滞迹象，描摹状态，鄙俚恶俗，见之作呕为也。

六、中国相传，原有画古不画今之说。画古者，有历史文字，耐人寻味。唐宋衣冠，已为往事，不置是非，兼可观今鉴古，时妆服饰，易生误会，正避嫌疑，非徒雅俗之别。

七、人物仕女，古人粉本，谱录记载，盈千累百，公私收藏，长卷巨册，直幅横帧，其中语言颦笑，端庄流利，顾盼生姿，原无不备。海外请邦，博物、美术诸馆林立，参考咸备。

八、画称新派，近代名词。从古至今，名家辈起，救弊扶偏，无时不变，温故知新，非同泥古。徐、高诸君，皆鄙人旧交，赵少昂从高氏游，称为后起，前十年中，时有往还。发扬国光，勤劬艺术，热忱毅力，俱属可佩。悲鸿归国，自变作风。曾经南来聘余为北平艺专学校国画主任，因事未往，忽忽将二十年。剑父、奇峰昆季，当民初前，招余襄力《真相画报》，附有拙笔。奇峰所作翎毛走兽，穷极工丽，时誉称为画圣。剑父屡渡东瀛，潜研画旨。一日，自粤顾余沪上，自言到此未访他友，拟即乘船而东，返须年余，求精画境。一别而去，去仅兼旬而返。余异而问之，乃徐徐言，曰：而今专心研求中国古画矣！述其东渡访旧，言明来意，友引之登楼，令观古名画，皆中国明代李流芳、查士标真迹，一一为之指导，且云：我辈略师其法，已得盛名，子盍归而求之，当有胜于此者。遂感其言信不我欺而返。因与纵观沪友诸收藏，数日而归。越数年，余游粤访之，见其以“艺术救国”书四大字，榜于门楣。旋又得其自印度来书，犹津津乐道，表扬国画也。然观其所得意之作，自称折中派，而海外诸邦论中国画者尚纯粹而不杂，岂所谓画有民族性者非耶？

九、中国名画永远不灭之精神，本原于言语、文字。若废国画，必先废语言、文字而后可。今寰海之通中国语言、文字者，日见甚多，古代金石碑版、经史子集、艺术谱录诸书，搜购多方，不遗余力；通儒著述，往往有中邦士子未易窥测者，而研求绘画，披却导款，不为皮相。当此战争时代，犹事兼收博采而未有已，以为邦国政教之盛衰，视乎文艺程度之升降，将有以抉择而补益之。画学不明，而求通语言、文字，此之谓不知本。近世章太炎、刘申叔类能言之，然未可为不学者道也。

十、天下古今，可宝贵者，一曰难得，一曰难能。三坟五典，八索九丘，大训赤刀，天球河图，今不可见。古金石款识，碑帖书画，皆先哲精诚之所系，放弃者不易追求，此难得者也。道德学问，气节文章，哲理名言，艺术工巧，尤国家民脉所存，浅尝者非可深造，此难能者也。不患莫己知者，求其所可知。相如恨不同时，扬云期于后世，俯仰兴怀，当无以异。沈石田诗：天涯莫怪无知己。释石涛言：不爱清湘不可怜。学者立志之坚，自信之深，古之视今，犹今视昔，勉其未至，夫复奚疑！

国画之民学

——八月十五日在上海美术茶会讲词

我国号称中华民国，现在又为民主时代，所以说："民为邦本。"今天我便同诸位谈谈"国画之民学"。所谓"民学"，乃是对"君学"以及"宗教"而言。

在最早的时候，绘画以宗教画居多，如汉魏六朝以及唐宋画的圣贤仙释，绘画的人多少要受宗教的暗示或束缚，不能自由选择题材。在宗教画以前，也大半都是神话图画。如舜目重瞳、伏羲蛇身之类。再后，君学统治一切，绘画必须为宗庙朝廷之服务，以为政治作宣扬，又有旗帜衣冠上的绘彩，后来的朝臣院体画之类。

君学自黄帝起，以至于三代；民学则自东周孔子时代始。

在商朝的时候，君位在于传贤，不乏仁圣之君；西周一变而为传子，封建制度成立。自后天子诸侯叔侄兄弟之间，觊觎君位，便战乱相循，几无宁日。春秋战国时期，封建破坏，诸子百家著书之说，竞相辩难，遂有了各人自己的学说，成为大观。要之三代而上，君相有学，道在君相；三代而下，君相失学，道在师儒。自后文气勃兴，学问便不为贵族所独有。师儒们传道设教，人民乃有自由学习和自由发挥言论的机会权利。这种精神，便是民学的精神，其结果遂造成中国文化史上最光辉灿烂的一页。诸如农田水利，通工易事，居商行贾，九流总计，都有所发明和很大的进展。这些除已见于经籍记载以外，从出土的铜器、陶器、兵器上的古文字，也都有确切的证据。

中国艺术本是无不相通的。先有金石雕刻，后有绢纸笔墨。书与画也是一本同源，理法一贯。虽音乐博弈，也有与图画相通之处。六朝宗少文氏，曾经遨游五岳，归来即将所见山水，绘于四壁，俨如置身于山水之间，时或抚琴震弦，竟能够使那墙壁上的山水，也自铮然有声，所谓“抚琴动操，欲令众山皆响”，音乐和图画便完全融和在一起了。宗氏自称卧游，后来人所说的“卧游”便是本此。张大风论博弈，他说：善弈者落落初布数子，而全局已定，即画家之位置骨法。这又是博弈与绘画相通的地方。

春秋时孔子论画，《论语》所记“宰予昼寝”，其实为“画寝”之误。昼与画本易混淆，便为宋人所误。“宰予画寝”，乃是宰予要在他的寝室四壁绘上图画，但因房子破旧，不甚相宜，孔子见到，就认为是“朽木不可雕也，粪土之墙不可污也”，劝他不必把图画绘在那样不堪的地方。假如仍然照“昼寝”解释，以宰予既为孔门弟子之贤，何至于如此不济？或者仅仅一下午之睡而已，老夫子又何至于立即斥之为“朽木”“粪土”呢？未免太不在情理了。

又如孔子所说的“绘事后素”，也是讲绘画方法的。宋人解释为先有素而后有绘，以为彩色还在素绢之后。这也是一种误解。实际上那时代有色的绢居多，而且没有纯白色的绢，后来直到唐代，纸都还是淡黄色。“绘事后素”的意思，乃是先绘彩色，然后再加上一种白粉，这和西洋画法相同，日本画也是如此。

中国除了儒家而外，还有道家、佛家的传说，对于绘画自各有其影响。孔孟讲现在，老子讲未来，佛家讲过去和未来。比较起来，中国画受老子的影响大。老子是一个讲民学的人，他反对帝王，主张无为而治，也就是让大家自由发展的意思。他说：“圣法地，地法天，天法道，道法自然。”圣人是种聪明的人，也得法乎自然的。自然就是法。中国画讲师法造化，即是此意。欧美以自然为美，同出一理。不过，就作画讲，有法业已低了一格，要透过法而没有法，不可拘于法，要得无法之法，方有天趣，然后就可以出神入化了。

近代中国在科学上虽然落后，但我们向来不主张以物胜人。物质文明将来总有破产的一天，而中华民族所赖以生存，历久不灭的，正是精神文明。艺术便是精神文明的结晶，现时世界所染的病症，也正是精神文明衰落的原因。要拯救世界，必须从此着手。所以，欧美人近来对于中国艺术渐为注意，我们也应该趁此努力才是。

这里，我讲一讲某欧洲女士来到中国研究中国画的故事。她研究中国画的理论，并有著作在商务印书馆出版。在她未到中国以前，曾经先到欧洲各国的博物馆，看遍了各国所存的中国画，然后来到中国，希望能够看到更重要的东西。于是先到北京看古画，看过故宫画之后，经人介绍，又看了北京画家的收藏，然后回到上海，又得机会看过一位闻人的收藏。结果，她表示并不满意，她还没有看到她想看的东西。原来她所要看的画，是要能够代表中华民族的画，是民学的；而她所见到的，则以宫廷院体画居多，没有看到真正民间的画。这些画和她研究的中国画的理论，不甚符合，所以，她不能表示满意。从这个故事里，我们可以看出欧美人努力的方向，而同时也正是我们自己应该特别致力的地方。

当我在北京的时候，一次另外一位欧美人去访问我，曾经谈起“美术”两个字来。我问他什么东西最美，他说不齐弧三角最美。这是很有道理的。我们知道桌子是方的，茶杯是圆的，它们很实用，但因为是人工做的，方就止于方，圆就止于圆，没有变化，所以谈不上美。凡是天生的东西，没有绝对方或圆，拆开来看，都是由许多不齐的弧三角合成的。三角的形状多，变化大，所以美；一个整整齐齐的三角形，也不会美。天生的东西绝不会都是整齐的，所以要不齐，要不齐之齐，齐而不齐，才是美。《易》云：可观莫如木。树木的花叶枝干，正合以上所说的标准，所以可观。这在中国很早的时候，便有这种认识了。

君学重在外表，在于迎合人。民学重在精神，在于发挥自己。所以，君学的美术，只讲外表整齐好看，民学则在骨子里求精神的美，涵而不露，才有深长的意味。就字来说，大篆外表不齐，而骨子里有精神，齐在骨子里。自秦始皇以后，一变而为小篆，外表齐了，却失掉了骨子里的精神。西汉的无波隶，外表也是不齐，却有一种内在的美。经王莽之后，东汉时改成有波隶，又只讲外表的整齐。六朝字外表不求其整齐，所以六朝字美。唐太宗以后又一变而为整齐的外表了。借着此等变化，正可以看出君学与民学的分别。

近几十年来，我们出土的东西实在不少，这些东西都是前人所不曾见到过的，也可以说我们生在后世的人，最为幸福。有些出土的东西，如带钩、铜镜之类，上面都有极美极复杂的图案画。日本人曾将这些图案加以分析，著有专书，每一个图案，都可以分析出多少层不同的几何图形来，欧美人见了也大为惊服。大体中国图画文字在六国时代，最为发达，到汉朝以后就完全两样了，大多死守书本，即使有著作，也都是东抄西抄，很少自辟蹊径。日本人没有什么成就，也就在于缺乏自己的东西，跟在人家后面跑。现在我们应该自己站起来，发扬我们民学的精神，向世界伸开臂膀，准备着和任何来者握手！

最后，还希望我们自己的精神先要一致，将来的世界，一定无所谓中画西画之别的。各人作品尽有不同，精神都是一致的。正如各人穿衣，虽有长短、大小、颜色、质料的不同，而其穿衣服的意义，都毫无一点差别。愿大家多多研究，如果我有什么新的消息或新的意见，也很愿意随时报告。

治学

画谈

绪论

古有三不朽：立德、立功、立言。中国言成德，欧人言成功；阐明德性者，东方之艺事，矜尚功利者，西方之艺事；意旨不同，而持论异矣。孔子曰：士志于道，据于德，依于仁，游于艺。道德依归于仁，仁者爱人，一艺之微，极于高深，可进乎道，皆足济世。图画肇始，原以羽翼经传，辅助政教，法至良，意至美也。支分流派，至有山水人物花鸟虫鱼诸类；一类之中，又有士习、院体，以及江湖、市井技能之攸异。其上者，足以廉顽立懦，感发清介绝俗之精神；其下者，仅以娱情悦目，引起华侈无厌之嗜欲。遵循日久，相习成风。正如歌曲郢中下里巴人，和之者众，而引商刻羽，杂以流徵者，乃以知稀为贵而已。浅根薄植之子，漫不加察，遂以画为无用之事，不急之务，甚或等视佣书，倡优并蓄。无惑乎人格日益卑，文化日益落，苶疲委靡，势将一蹶不可复振矣。近者欧风东渐，西方文化之显著者，为拉丁族之靡曼，与条顿族之强厉，二者皆至罗马而完熟，其画风可以表见之。或称基督教，即以同情结合欧人，而救罗马之弊，卒与罗马国家相混合。究之东西文化之异点，视生活状态、社会组织而分动静。中国国家得千万知足安乐之人民，维持其间，常处于静。古来画者，多重人品学问，不汲汲于名利，进德修业，明其道不计其功。虽其生平身安淡泊，寂寂无闻，遁世不见知而不悔。旷代之人，得瞻遗迹，望风怀想，景仰高山，往往改移俗化，不难骎骎而几于至道。所以古人作画，必崇士夫，以其蓄道德，能文章，读书余暇，寄情于画，笔墨之际，无非生机，有自然而无勉强也。书画同源；言画法者，先明书法。书法之初，肇于自然。仰观天文，俯法地理，视鸟兽之迹，与土之宜，近取诸身，远取诸物，画卦结绳，至造书契，依类象形，因谓之文。文者，物象之本，以目治也。画之为用，全以目治。而古今相传，凭于口授，笔法、墨法、章法三者，心领神悟，闻见宜广，练习宜勤，翰墨功多，庶几有得。元明以上，士夫之家，咸富收藏，莫不晓画，文人余暇，恒讲习之。明季有木刻杨尔曾之《图绘宗彝》、李笠翁之《芥子园》、胡曰从之《十竹斋》诸画谱行世，摹仿简易，而口授之缺诀。清张浦山《画徵录》、彭蕴璨《画史汇传》、蒋宝龄《墨林今话》诸书盛行，工拙不论，而轻躁之习滋。近世点石、缩金、珞珂、锌版杂出，真赝混淆，而学古之事尽废。令欲明画事之优劣，考艺林之得失，非可以偏私之见、耳目之近求之。必详稽于载籍，实征诸古迹，而自有其千古不变之精神，与历久不刊之论说。兹择其要，可得言焉。

用笔之法有五

一曰：平。古称执笔必贵悬腕，三指撮管，不高不低，指与腕平，腕与肘平，肘与臂平，全身之力，运之于臂，由臂使指，用力平均，书法所谓如锥画沙是也。起讫分明，笔笔送到，无柔弱处，才可为平。平非板实，如木削成，有波有折。其腕本平，笔之不平，因于得势，乃见生动。细瀫洪涛，漩涡悬瀑，千变万化，及澄静时，复平如镜，水之常也。

二曰：圆。画笔勾勒，如字横直，自左至右，勒与横同；自右至左，钩与直同。起笔用锋，收笔回转，篆法起讫，首尾衔接，隶体更变，章草右转，二王右收，势取全圆，即同勾勒。书法无往不复，无垂不缩，所谓如折钗股，圆之法也。日月星云，山川草木，圆之为形，本于自然。否则僵直枯燥，妄生圭角，率意纵横，全无弯曲，乃是大病。

三曰：留。笔有回顾，上下映带，凝神静虑，不疾不徐。善射者，盘马弯弓，引而不发；善书者，笔欲向有，势先逆左，笔欲向左，势必逆右。算术中之积点成线，即书法如屋漏痕也。用笔侧锋，成锯齿形。用笔中锋，成剑脊形。李后主作金错刀书，善用颤笔；颜鲁公书透纸背，停笔迟涩，是其留也。不涩则险劲之状，无由而生；太流则便成浮滑。笔贵遒劲，书画皆然。

四曰：重。重非重浊，亦非重滞。米虎儿笔力能扛鼎，王麓台笔下金刚杵，点必如高山坠石，努必如弩发万钧。金，至重也，而取其柔；铁，至重也，而取其秀。要必举重若轻，虽细亦重，而后能天马行空，神龙变化，不至有笨伯痴肥之诮。善浑脱者，含刚劲于婀娜，化板滞为轻灵，倪云林、恽南田画笔如不着纸，成水上飘，其实粗而不恶，肥而能润，元气淋漓，大力包举，斯之谓也。

五曰：变。李阳冰论篆书云：点不变谓之布棋，画不变谓之布算。氵点为水，灬点为火，必有左右回顾、上下呼应之势，而成自然。故山水之环抱，树石之交互，人物之倾向，形状万变，互相回顾，莫不有情。于融洽求分明，有繁简无淆杂，知白守黑，推陈出新，如岁序之有四时，泉流之出众壑，运行无已，而不易其常。道形而上，艺成而下。艺虽万变，而道不变，其以此也。

以上略举古人练习用笔之法。笔法成功，皆由平日研求金石、碑帖、文词、法书而出。画有大家，有名家。大家落笔，寥寥无几；名家数十百笔，不能得其一笔；名家数十百笔，庸史不能得其一笔。而大名家绝无庸史之笔乱杂其中，有断然者。所谓大家无一笔弱笔是也。练习诸法，成一笔画。一笔如此，千万笔无不如此。一笔之中，起用盘旋之势，落下笔锋，锋有八面方向。书家谓为起乾终巽，以八卦方位代之。落纸之后，虽一小点，运以全身之力，绝不放松，譬如狮子搏兔，亦用全力。笔在纸上，当视为昆吾刀切玉，锋芒铦利，非良工辛苦，不能浅雕深刻。纵笔所成，圆转如意，笔中有一波三折，成为飞白。飞白之处，细或如沙，粗或如石。黄山谷论宋画皴法，如虫啮木，自然成文。赵子昂题画诗云：石如飞由木如籀，六法全于八法通。飞白自然，纯在笔力；力有不足，间若飞白，成败絮形，即是弱笔，切不可取。收笔提起，向上回转，书法谓之蚕尾，又称硬断。笔有顺逆，法用循环，起承转合，始成一笔。由一笔起，积千万笔，仍是一笔。古有一笔书。晋宋之时，宗炳作一笔画。古诗"浩浩汗汗一笔耕"，画千万笔，一气而成，虽极变化，笔法如一，谓之一笔画。法备气至，乃合成家。古云：宋人千笔万笔，无笔不简；元人三笔两笔，无笔不繁。简则其法不加多，繁则其法不加少。繁固难，简则更难。知繁与简，在笔法尤在笔力。离于法，无以尽用笔之妙；拘于法，亦不能全用笔之神。得兔忘蹄，得鱼忘筌，深明乎法之中，超轶乎法之外。是必多读古人论画之书，多见名人真迹，朝夕熟习，寒暑无间，学之有成；而后遍游名山大川，以极其变，发古人所未发，为庸史不能为。笔法既娴，可言墨法。

古人墨法妙于用水。水墨神化，仍在笔力；笔力有亏，墨无光彩。古先画用五采，号为丹青。虞廷作绘，以五采章施于五色，是为丹青之始。《周官》：画缋之事，杂五色后素功。汉鲁灵光殿画，托之丹青，随色象类。魏则丹青炳焕，特有温室。晋则采漆画轮，油画紫绛。梁元帝《山水松石格》始称破墨，异于丹青。水墨之始，兴于六朝，艺事进步，妙逾丹青，有可知已。又曰：高墨犹绿，下墨犹赪。山水之画，有设色者，峰峦多绿，沙石皆赭。此言用墨之法，当如丹青，分其高下，以明坳突。唐王维《山水诀》言：画道之中，水墨为上：手亲笔砚之余，有时游戏三昧，岁月遥永，颇探幽微。由是李成、郭熙、苏轼、米芾，画论墨法，渐臻该备，迄元季四家黄公望、倪瓒、王蒙、吴镇，师法董元、巨然，山川浑厚，草木华滋，画学正传，各极其妙，有古以来，蔑以加矣。综观古今名画，恒多墨戏，烟云变幻，气韵天成，人工精到，不可思议，约而举之，有足观焉。

用墨之法有七

一、浓墨法。宋晁说之《墨经》言：古人用墨，多自制造，故匠氏不显。自唐五季易水实氏、歙州李氏，至宋元明，墨工益盛。何薳《墨记》言：潭州胡景纯专取桐油烧烟，名桐花烟，每磨研间，其光可鉴，画工宝之，以点目瞳子如点漆云。明万年少言：古人用墨，必择精品，盖不特藉美于今，更蕴传美于后。晋唐之书，宋元之书，皆传数百年，墨色如漆，神气赖此以全。若墨之下者，用浓见水则沁散湮污。唐宋书多用浓墨，神气尤足。

二、淡墨法。墨滃滃淡，浅深得宜，雨夜昏蒙，烟晨隐约，画无笔迹，是谓墨妙。元王思善论用墨言：淡墨六七加而成深，虽在生纸，墨色亦滋润。可知淡墨重叠，渲染斡皴，墨法之妙，仍归用笔，先从淡起，可改可救。后人误会，笔法寖衰，良可胜叹。

三、破墨法。宋韩纯全论画石，贵要雄奇磊落，落墨坚实，凹深凸浅，乃为破墨之功。元代商琦喜画山水，得破墨法。画用破墨，始自六朝，下逮宋元，诗词歌咏，时有言及之者。近百年来，古法尽弃，学画之子，知之尤尠。画先淡墨，破以浓墨；亦有先用浓墨，以淡墨破之，如花卉钩筋，石坡加草，以浓破淡，今仍有之。浓以淡破，无取法者，失传久矣。

四、泼墨法。唐之王洽泼墨成画，情尤嗜酒，多敖放于江湖间，每欲作图，必沉酣之后，解衣槃礴，先以墨泼幛上，因其形似，或为山石，或为林泉，自然天成，不见墨污之迹。盖能脱去笔墨畦町，自成一种意度。南宋马远、夏珪，得其仿佛须。然笔法有失，即成野狐禅一派，不入赏鉴。学董、巨、二米者，多于远山浅屿，用泼墨法。或加以胶，即无足观。

五、渍墨法。山水树石，有大浑点、圆笔点、侧笔点、胡椒点，古人多用渍墨。精笔法者，苍润可喜，否则侏儒臃肿，成为墨猪，恶俗可憎，识者不取。元四家中，惟梅道人得渍墨法，力追巨然；明文徵明、查士标晚年多师其意，余颇寥寥。

六、焦墨法。于浓墨、淡墨之间，运以渴笔，古人称为“干裂秋风，润含春雨”，视若枯燥，意极华滋。明垢道人独为擅长。后之学者，僵直枯槁，全无生趣；或用干擦，尤为悖谬。画家用焦墨，特取其界限，不足尽焦墨之长也。

七、宿墨法。近时学画之士，务先洗涤笔砚，研取新墨，方得鲜明。古人作画，往往于文词书法之余，漫兴挥洒，殊非率尔，所谓惜墨如金，即不欲浪费笔墨者也。画用宿墨，其胸次必先有寂静高洁之观，而后以幽淡天真出之。睹其画者，自觉躁释矜平。墨中虽有渣滓之留存，视之恍如青绿设色，但知其古厚，而忘为石质之粗砺。此境倪迂而后，惟渐江僧得兹神趣，未可语于修饰为工者也。

章法因创之大旨

章法有因有创，创者固难，而因亦不易。语曰：师今人不若师古人；师古人不若师造化。师承授受，学有所本，虽或变迁，未可言创，必也拯时救弊，力挽狂澜，不肯随波逐流，以阿世俗，乃为可贵。故凡命图新者，用笔当入古法；图名旧者，用笔当出新意。画之章法，重在笔墨；章法屡改，笔墨不移。不移者精神，而屡改者面貌。昔九方皋相马，能知其为千里者，以赏识于牝牡骊黄之外，而不在乎皮相之间。宋郭熙论画言：画不以大小多少，必须注精以一之，不精则神不专，必神与俱成之。余当髫龄，性嗜图画，遇有卷轴必注观移时，恋恋不忍去，闻谈书画，尤喜究诘其方法。越中有倪丈谦甫炳烈，负画名，其弟易甫善画，子淦，七岁即能画山水人物，有声于时，常来家塾，观先君所藏古今书画，因趋侍侧，闻其论画，言画未下笔之先，必以楮素张壁间，晨起默对，多时而去，次日如之，经三日后，乃甫落墨。余讶其空洞无物，素纸张壁，有何足观，心窃笑之。先君因诏余曰：汝知王子安腹稿乎？忽憬然悟。宋迪作画，先当求一败墙，张绢素讫，倚之败墙之上，朝夕观之。既久，隔素见败墙之上，高平曲摺，皆成山水之象。心存目想，高者为山，下者为水，坎者为谷，缺者为涧，显者为近，晦者为远，神领意造，恍然见其有人禽草木，飞动往来之象，了然在目，则随意命笔，默以神会，自然景在天就，不类人为，是为活笔。古人画稿，谓之粉本，前辈多实蓄之，盖其草草不经意处，有自然之妙。宣和、绍兴所藏之粉本，多有神妙者，为时所珍贵。唐宋元明以来，学者莫不有师，口讲指画，赏奇析疑。看画不经师授，不阅记录，但合其意者为佳，不合其意者为不佳，及问其如何是佳，则茫然失对，有断然者。后人耻于相师，予智自雄，任情涂抹，而画事废矣。

师今人者，习画之徒，在士夫中，不少概见。诵读余闲，偶阅时流小笔，随意摹仿，毫端轻秀，便尔可观，画成题款，忽称董巨，或拟徐黄，古迹留传，从未梦见，泛应投赠，众口交誉，在己虚衷，虽曰遣兴，莘莘学子，奉为师资。试求前贤所谓十年面壁，朝夕研练之功，三担画稿，古今源流之格，一无所有，徒事声华标榜，自限樊篱。画非一途，各有其道，拘以己见，绳律艺事，岂不浅乎！

师古人者，传摹移写，六法之中，已有捷径。惟山川人物之秀错，鸟兽草木之性情，池榭楼台之矩度，未能深入其理，曲尽其态，形貌徒存，神趣未合，非邻板滞，即近空疏，虽得章法，终归无用。要仿元人，须透宋法，既观宋法，可溯唐风。然而一摹再摹，愈趋愈下，瘦者渐肥，曲者已直，经数十遍，或千百遍，审详面目，俱非本来。初患不似，法有未明，既虑逼真，迹尤难脱。天然平淡，摈落筌蹄，神会心谋，善自领略而已。

师造化者，黄子久谓皮袋中置描笔在内，或于好景处，见树有怪异，便当模写记之。李成、郭熙皆用此法，古人云“天开图画”者是也。又曰：江山如画。言如画者，正是江山横截交错，疏密虚实，尚有不如图画之处，芜杂繁琐，必待人工之剪裁。董玄宰言：树有左看不入画，而右看入画者，前后亦尔；看得透熟，自然传神，心手相忘，益臻化境。董元以江南真山水作稿本，郭熙取真云惊涌作山势，行万里路，归而卧游，此真能自得师者也。

夫惟画有章法，奇奇正正，千变万化，可与人以共见，而不同用笔用墨，非好学深思者不易明。然非明夫用笔用墨，终无以见章法之妙。阴阳开阖，起伏回环，离合参差，画法之中，通于书法。钟鼎彝器，籀篆文字，分行布白，片段成章。画之自然，全局有法，境分虚实，疏密不齐，不齐之齐，中有飞白。黄山谷称如虫啮木，自然成文；邓石如言伦次分明，以白当黑；欧美人谓不齐弧三角为美术，其意亦同。法取乎实，而气运之以虚，虚者实之，实者虚之。因之有笔有墨，兼有章法者，大家也；有笔有墨，而乏章法者，名家也，无笔无墨，而徒事章法者，众工也。古今相师，不废临摹，粉本流传，原为至重。同一画稿，章法犹是也，而笔墨有优绌之分。笔墨优长，又能手创章法，戛戛独造，此为上乘。章法传摹，积久生弊。以唐画之刻画，而有李成、范宽、郭熙北宋诸大家；以院体之卑弱，而有米氏父子；以北宗之恶俗，而有文衡山、沈石田、董玄宰。皆能力追古法，救正时习，成为大家。清代之中，以华新罗之花鸟，方小师之山水，罗两峰之人物，绰有大家风度。

大家不世出，或数百年而一遇，或数十年而一遇。而惟时际颠危，贤才隐遁，适志书画，不乏其人。若五季有荆浩、郭忠恕、黄筌、僧贯休，宋末有高房山、赵沤波，元季有黄子久、吴仲圭、倪云林、王叔明，明亡有陈章侯、龚半千、邹衣白、恽香山、僧渐江、石谿、石涛，独辟蹊径，自成一家。是故大家之画，甫一脱稿，徒从传摹，不逾时而遍都市。留遗副本，家世收藏，远者千年，近数十年，守之勿失。即非名人真迹，而载之著录，披图观览，犹可仿佛其形容。虽无老成人，尚有典型，犹虎贲之于中郎，深入怀想，未可轻忽。此章法之善创者也。

名家临摹古人，得其笔墨大意，疏密参差，而位置不稳；位置妥帖；浓淡淆杂，而远近不分，树木有根株，或偶失其交互，泉流有曲折，或莫辨其去来，苟能瑕不掩瑜，论者犹宽小节。画贵神似，不在貌求。苏眉公言：常形之失，而不能病其全；若常理之不当，则誉废之矣。形之无形，理所宜谨，神理有得，无害其为临摹也。此章法之善因者也。

众工构局，布置塞迫，全乏灵机，实由率尔操觚，入思不深。又或分疆三叠，一石二树三山，开辟分破，毫无生活。虽画云气，奚翅印刻，俗称一河两岸，无章法也。释石涛言此未为之失，自然分疆，诗所谓“到江吴地尽，隔岸越山多”是也。章法虽平，要有笔力，似非可徒以章法论也。古人位置，极塞实处，愈见虚灵。今人布置一角，已见繁缛。虚处实则通体皆灵，愈多而不厌，此惨淡经营之妙。阴阳向背，纵横起伏，开合锁结，回抱勾托，舒卷自如，方为得之。否则画少丘壑，亦无意趣，非庸而何！此章法之徒存者也。

章法不同，古今递嬗，境界有高深平远之别，品类有神妙能逸之分。山既异于三时，花又标为四季，风晴雨雪，艺各专长，泉石湖山，工称独绝。况若天真幽淡，气味荒寒，画中最高之趣，尤非绚烂之极，不能到此。作者之意，能使观者潜移默化，虽有剑拔弩张，犷悍之气，不难与之躁释矜平。恽南田言：画以简为尚，简之入微，则洗尽尘滓，独存孤迥，烟鬟翠黛，敛容而退矣。是以澹泊明志，宁静致远，心存匡济，可遏人欲于横流者。明简笔之画，宜若可贵，其矫厉风俗，廉顽立懦，当不让独行之士。所惜倪黄而后，吴门、云间、金陵、娄东诸派，渐即甜熟，取媚时好，古法沦亡，不克自振。而惟昆陵邹衣白、恽香山为得大痴之神，新安僧渐江、汪无瑞为得云林之逸，挽回浇俗，皆足为君子成德之助，垂三百年，知者尤鲜。方今欧美文化，倾向东方，阐扬幽隐，余愿有心世教者，三致意焉。

画学通论讲义

论画之有益

图画者，工之母，亦文之极也。小之可以涵养情性，变化气质，消泯鄙悖之行为；大之可以救正人心，转移风俗，巩固治安之长久。稽之经传，编诸史册，博载于古人文词论说之书，图画綦重，班班可考。是故人人所当研究而明晓之，宝爱而尊崇之，未可以为不急之务、无益之物，而轻忽之也。人之不齐，各殊其类，资禀有智愚，学力有深浅，境遇有丰啬，时世有安危，惟于绘事，爱好同之。衣食住三者，人生不能有一日之缺乏，因为爱护身体之大要也；身体之康强，其精神可用之于不弊。人生爱护精神，宜视爱护身体为尤重。身体之爱护，虑有未周，则预防其疾病，设有刀圭药饵，以剂其平。而精神之消耗于功名利禄、礼数酬酢之间，劳劳终日，无少息之暇豫者，夫复何限！苟非得有娱观之乐，清新于心目，势必奔走征逐，志气昏惰，滔滔不返，精神愈为之凋敝。苟明于画，上而窥文字之原，理参造化，下而辨物类之庶，妙撷英菁。古人所以功成身退，啸傲林泉，非徒保身，兼以明志。李长吉呕肝，为文伤命。书画之事，人心曾不以寸，晚知有益，期悦有涯之生，可谓达矣。书家兼通画事，得悟墨法，不同经生。百工先事绘图，艺能之精，可进于道。画贵生动，正与管子书称古人糟粕，释家毋参死禅，同其妙悟，况乎清明在躬，志气如神。古来善画，类多高人逸士，不汲汲于名利，而以天真幽淡为宗。然而诣力所至，固已上下今古，融会贯通，无所不学。要非空疏无具，徒为貌似，所可伪为，有断然已。

赏识

看画如看美人，其丰神韵致，有在肌体之外者。今人看古迹，必先求形似，次及传染，而后考其事实，殊非赏鉴之法也。昔米元章有言，好事与赏鉴家自是两等。家业优饶，循名好胜，遇既收置，不辨异同，此谓好事。若夫赏鉴，则天性高明，多阅传纪，或得画意，或自能画，每覯卷轴，辨析秋毫，援证其迹，而研思极虑焉。如对古人，如尝异味，竭声色之奉，不能夺也，斯足以为赏鉴矣。看画之法，不可偏执一见。前贤命意立格，各有其道，或栖心尺幅之中，或游神六合之外，一皴一染，皆有原委。讵可囿吾所见，律彼诸贤乎？古人笔法详明，意思精到，初若率易，久觉深长。今人虽亦缜密，细玩不无拟议也。御题诸画，真伪相杂，往往有当时名手临摹之笔。尝观秘府所藏摹本，其上悉题真迹，明昌所题尤多，具眼自能辨之。至于绢素新旧，一览可知。唐绢粗厚，宋绢轻细，尺寸不容稍紊。然又当验之于墨色。名笔用墨透入绢缕，精彩毕现，卑弱者尽力仿效，终不能及，粉墨浮于绢素之上，神气枯寂矣。惟古人画稿，谓之粉本，前辈多珍藏之，以其草草不经意处，自然神妙；宣和、绍兴间，储积最富，识者固宜留意也。灯下不可看画，筵前醉后，亦不可看画，有卷舒侵涴之虞，极为害事。

优劣

佛道人物，士女牛马，今不及古。山水林石，花竹禽鱼，古不及今。何以明之？如顾恺之、陆探微、张僧繇、吴道子与阎立本兄弟，皆纯正雅重，妙出天然。吴生之作，为万世法，号曰画圣。而张萱、周昉、韩幹、戴嵩辈，气韵骨法，亦复出人意表，后之学者，终莫能及。故曰今不及古。至于李成、关仝、范宽、董源之妙品，徐熙、黄筌、黄居寀之神品，前既不借师资，后亦无能继者。借使二李、三王之俦更起，边鸾、陈庶之伦再生，更将何以措手于其间哉？故曰古不及今。夫顾、陆、张、阎，体裁各异，张、周、韩、戴，理致俱优，昔贤论之详矣。惟吴道子独称画圣，才全法备，无愧斯言。由近而约举之。气象萧疏，烟林清旷，毫锋颖脱，墨采精微者，营丘之制也。石休坚凝，杂木丰茂，台阁典雅，人物庄严者，关氏之风也。峰峦浑厚，格局沉雄，抢笔俱匀，人物皆质者，范氏之作也。皴法古隽，傅彩清和，意趣高闲，天真烂漫者，董氏之踪也。语云：黄家富贵，徐熙野逸。此非专言厥体，盖见闻所习，得之于心，而应之于手耳。筌与居寀始事孟蜀为待诏，入宋为宫赞给事禁中，多写珍禽瑞鸟、奇花文石。徐熙，江南处士，志节高简，多写浦云汀树、芦雁渊鱼。二者春兰秋菊，各极一时之胜，俱享重名于后世，未可轩轾论也。援今证古，迹著理明，观者庶辨金输，得分玉石焉。

楷模

图画之要，全在得体，则楷模一定之法，不可不讲也。画人物者，必分贵贱容貌，朝代衣冠。释门有慈悲方便之仪，道像具修真度世之范，帝王崇上圣天日之表，诸蕃得慕华饮顺之情，文人著礼义忠信之风，武士多勇悍英烈之气，隐逸敦肥遁高世之节，贵戚尚纷华靡丽之习，帝释明福德严重之威，鬼神作丑者鬼驰真趡之状，士女尽端妍矮婧之态，田家存醇甿朴野之真，而欢娱惨淡、温恭桀骜之辨，亦在其中矣。画衣纹木石，用笔全类于书，有重大而调畅者，有细密而劲健者，勾绰纵掣，理无妄下。画林木者，樛枝挺干，屈节皴皮，纽裂多端，分敷万状。画山石者，多作矾头，亦为凌面，落笔便见坚重之性，皴淡即生洼凸之形，每留素以成云，或借地而为雪，其破墨之功，为尤难焉。画畜兽者，肉分肥圜，毛骨隐起，精神筋力，向背停匀，须体诸物所禀之性。画龙者，折出三停，分成九似，穷拿攫奋迅之妙，得回蟠升降之宜。画水者，有一摆之波，三折之浪，布之字势，辨虎爪形，沦涟湍激，使观者浩然有江湖之思。画屋木者，折算无亏，笔画匀壮，深远透空，一去百斜；至于汉殿吴宫，规制不失，珠林紫府，局度斯存。苟不深求，何由下笔？画花果草木，当晰四时景候，阴阳向背，枝条老嫩，苞萼后先。既园蔬野草，亦有性理，宜加详察。画翎毛者，在识诸禽形体，名件羽毛之苍稚，觜爪之利钝；飞鸣宿食，各寓岁时，脱误毫厘，便亏形似。凡斯条贯，悉本正宗，融会所由，缺一不可者也。历稽往谱，代有传人，因事论衡，别具梗概。

服饰

衣冠之制，洊历变更，考迹绘图，必分时代。衮冕法服之重，三体备存，名物实繁，不可得而载也。汉魏以前，皆戴幅巾。晋宋之世，始用羃䍦。后周以三尺皂绢向后幞发，谓之幞头。武帝时裁成四角。隋朝惟贵臣服黄绫纹袍、乌纱帽、九环带、六合靴。次用桐油墨漆为巾子，裹于幞头之内，前系二脚，后垂二脚，贵贱通服之，而乌帽渐废。唐太宗常服翼善冠，贵臣服进德冠，则天朝复以丝葛为幞头巾子，赐在廷诸臣。开元间乃易以罗，又别赐供奉官。及内臣圜头宫样巾子，至唐末方用漆纱裹之，沿至宋代，皆服焉。上世咸衣襕衫，秦时始以紫绯绿袍为三等品服，庶人以白。至周武帝时，下加襕。唐高宗给五品以上随身鱼。又勅品：服紫者，金玉带；服绯者，金带；服绿者，银带；服青者；鍮石带；庶人服黄铜带。一品以下文官带手巾算袋刀子砺石。睿宗诏武五品以上带七事跕蹀，开元初罢之。晋处士冯翼衣布大袖，周缘以皂，下加襕，前系二长带；隋唐内外皆服之，谓之冯翼衣，后世呼为直裰。《梁志》有袴褶，以从戎事。三代以前，人皆跣足。三代以后，乃着木履。伊尹编草为之，名曰履。秦世参用丝革。靴，本胡服，赵武灵王好之，令有司衣袍者穿皂靴。唐代宗诏宫人侍左右者穿红锦靴。凡兹衣冠服饰，经营者所宜详辨也。

若阎立本画《昭君出塞图》，帷帽以据鞍；王知慎画《梁武南郊图》，御衣冠而跨马。不知帷帽创从隋代，轩车废自唐朝，虽无害于名笔，亦足为丹青之病焉。

藏弆

画之源流，诸家备载，类之论叙，分门已详。自唐末变乱，五代散亡，图画收藏，存者无几。逮至宋朝，方得以次搜集。太平兴国间，诏天下郡县访求前贤墨迹。于是荆湖转运使得汉张芝草书、唐韩幹马二本以献；韶州太守得唐张九龄画像并文集九卷以献；从此四方表进者，殆无虚日。乃命待诏高文进、黄居寀检详而品第之。端拱元年，于崇文院中堂置秘阁，命吏部侍郎李至兼秘书监，点勘供御图书，选三馆正本书万卷及内府图画，并前贤墨迹数千轴，藏之阁中。御书飞白匾其上。车驾临幸，召近臣纵观，赐曲宴焉。又天章、龙图、宝文三阁，后苑有图书库，亦藏贮图画书籍，每岁伏日曝晾，焚芸香辟蠹，内侍省掌之，而皆统于秘阁。四库所藏，云次鳞集，天下翰墨之盛，顿还旧观矣。稽之典册，始自道释，迄于蔬果，门类凡十。专精一艺，与其兼才者，代不乏人。综其大纲，稍加论列。夫经纬之义，书不能尽其形容，而后继之以画，菁华所著，谓六籍同功，四时并运可也。

道释

自三才并运，象教乃兴。儒与释道，如三辰之炳天，垂象万世。因事为图者，宜无所不及，而画家擅名，则专言道释。盖以其眉发有异于人，冠服不同于世，布祇陀之金界，绀珠满月有其容，写大赤之玉毫，芝绶云衣备其制，使观者判然而知为缁羽之流，非犹夫黼黻山龙，缙绅缝掖，极明堂宣室之尊严，辨凌烟瀛洲之清贵也。释道起于晋朝，以至宋代，数百年间，名笔甚众。如晋、宋之顾、陆，梁、隋之张、展，诚出类拔萃者矣。唐时之吴道子，鹰扬独步，几至前无古人。五代之曹仲元，亦能度越前辈。及宋而绘事益工，凌轹往哲。若李得柔之画神仙，妙有气骨，精于设色，一时名重如孙知微，且承下风而窃绪论焉。其余非不善也，求之谱传，不可多得。如赵裔、高文进辈，咸以道释见长。然裔学朱繇，譬之婢作夫人，举止终觉羞涩；文进产于蜀，世皆以蜀画为名，是获虚誉也，讵宜漫循形迹，遽失考求哉!

人物

昔贤论人物，有曰白皙如瓠，则为张苍；眉目若画，则为马援；神姿高彻，则为玉衍；闲雅甚都，则为长卿；容仪俊爽，则为裴楷；体貌闲丽，则为宋玉。此画家之绳墨也。至于状美女者，蛾眉皓齿，有东邻之蕣华；惊鸿游龙，见洛神之蕙质；或善为妖态，作愁眉啼妆，堕马髻，折腰步，龋齿笑者，往往施之于图画。此极形容为议论者也。若夫殷仲堪之眸子，裴叔则之颊毫，精神尽在阿堵中，姿韵不愧丘壑间，固非议论之所及，又何形容之足言！故画人物，最为难工，大都得其形似，率乏天然之趣。自吴晋以来，卓荦可传，如吴之曹不兴，晋之卫协，隋之郑法士，唐之郑虔、周昉，五代之赵嵒、杜霄，宋代之李公麟辈，虽笔端无口，而尚论古人，品其高下，洞如观火，较若列眉，既暗中摸索，亦复易得。惟以人物得名，而独不见于谱传，如张昉之雄健，程坦之高闲，尹质、元霭之简贵，后世多不知识，岂真前有曹、卫，继有赵、李，照映千古，遂使数子，销光铲彩于其间哉！是在具眼鉴别之矣。

蕃族

解缦胡之缨，而冠裳魏阙，屏金戈之迹，而干羽虞廷，以视越裳之白雉，固有异矣。后世遂至遣子弟入学，效职贡来宾，虽风俗庶几淳厚，亦先王功德，足以惠怀之也。凡斯盛举，莫不有图。而图画之所传，多取佩弓刀，挟弧矢，为田猎狗马之戏，若非此不能尽其形容者。然山川风土既殊，服饰衣自异，苟一究心，何难立辨？顾乃屑屑从事于弓刀狗马之属，而讲求之，亦云末矣。自唐至宋，以画蕃族见长者五人，唐则胡瓌、胡虔，五代则东丹王、王仁寿、房从真。皆能考证方隅，规摹物类，笔墨所至，俱有体裁。东丹虽产北土，止写本国风景，寻其手迹，要自不凡。王庭卓歇之图，大漠游畋之作，旌旗器械，兽畜车马，悉可按而数也。其后高益、赵光辅、张戡、李成辈，亦得名于时。然光辅以气骨为主，而风格稍俗，戡、成极力形容，而所乏者气骨，不能兼长尽美，何容方驾前人乎？

论多文晓画

宋郑椿言多文晓画。明董玄宰谓读万卷书乃可作画。画为文字之余，固未可专以含毫吮墨、涂脂抹粉为能事也。明季以来，画者盛谈南北二宗。玄宰言：文人之画，自王右丞始，其后董源、僧巨然、李成、范宽为嫡子，李龙眠、王晋卿、米南宫及虎儿，皆从董巨得来，直至元四大家黄子久、王叔明、倪元镇、吴仲圭，皆其正传，吾朝文、沈则又遥接衣钵，若马、夏及李唐、刘松年，又是李大将军之派，非吾曹易学也。古人文艺，多由繁重，日趋简易。简易之极，不思原本，厌弃繁重，日即虚诞，至于沦亡，何可胜慨！文艺之兴，先重立法；拘守陈法，积久弊生。世有识见宏达之士，明知流弊，思救正之，权其重轻，著书立说，意良美也。夫画有士夫画，有作家之画。二者悬异，判若天渊，以其师今人与师古人不同，师古人与师造化不同。故曰：师今人不若师古人，师古人不若师造化。师今人者，守一先生之言，其所耳闻目睹之事，无非庸俗之所为，虽有古迹，孰优孰劣，乏由辨别，悠悠忽忽，至于垂老，终无所成。师古人者，时代有远近，学业有浅深，互相比较，不难明晓。然虑拘于私见，惮为力行，一得自矜，封其故智。此则院体不脱作家之习，而文人可侪士夫之俦，以其多读数卷书耳。

学画必读书，古今确论。读书之法，又悉与作画相通，论者犹罕，今试以读史之说证之。汉司马迁作《史记》，班固作《汉书》，史家并称迁固，以其创立纪传，通古断代，义法皆精。如画家之有南北二宗，王维水墨，李思训金碧，古今崇尚，重立法也。汉书之学，自六朝来，言训诂词章者，多所称述，实盛于太史公之书。至于宋人，又以载事详赡，有资策论之引据，尤多好读《汉书》。司马迁《史记》，众知其断制货殖游侠，论著恢奇，封禅平准，辞含讽刺，读者犹不难好学深思，心知其意。画家重在立意，始自唐世。历五代两宋，名家辈出，而极盛于元人。明董玄宰承顾正谊、莫云卿之学风，先后倡立南北二宗之说，画重文人。有云：禅家有南北二宗，唐时始分，画之南北二宗，亦唐时分也，但其人非南北耳。北宗则李思训父子，着色山水流传，而为宋之赵幹、伯驹、伯骕，以至于马、夏辈；南宗则王摩诘，始用渲淡，一变钩斫之法，其传为张璪、荆、关、郭忠恕、董、巨、米家父子，以至元之四大家，亦如六祖之后有马驹、云门、临济儿孙之盛，而北宗微矣。要之摩诘所谓云峰石迹，迥出天机，笔意纵横，参乎造化者；东坡赞吴道子、王维画壁，亦云“吾于维也无间言”，知言哉！观此则画学自唐以后，专重文人，而能明晓画法与画意者，正非文人莫属也。

国画理论讲义

绪言

人之初生，在襁褓中，未能言语，先有啼笑。见灯日光，哑哑以喜，寘之暗室，呱呱而泣。晦明既辨，即分黑白。黑白者，色相之本真，其他不过日光之变化，皆伪幻耳。图画丹青，本原天造。准绳规矩，类属人为。人与天近，天真发露，极乎文明，画事为最。古入小学，初言洒扫，画沙漏痕之妙，寓乎其间，因开书画之法。从事学画，研磨丹墨，悬肘中锋之力，习于平时，用明笔墨之法。六书假昔，隶变古籀，谐声会意，渐废象形。画论貌似神似，作家士习，由此而分。写实摹虚，以备章法。专言章法，不求笔墨，派别门户，由此歧分。

教者画成，各有面貌，笔墨章法，自必完全。学画之先，笔法易明，稍加用功，即可貌似。徒求貌似，不明笔墨，徒习何益？画之要旨，人巧天工而已。老子言“道法自然”，庄子云“技进乎道”。论者谓孔孟悲天悯人，一车两马仆仆诸侯，徒劳无益，因激忿而为离世乐天之语，所谓“老庄告退，山水方滋”者也。晋代王羲之之书，谢灵运之诗，多托情于山水，当代士大夫能画者已众。唐画分十三科，山水为首，界画打底。画言立法，事虽勉强，辛勤劳苦，功在力行，行之有得，乐在其中。古来为圣为贤，成仙成佛，其先习苦，莫不忧勤惕虑，朝夕孜孜，及其道成，皆有优游自得之乐。庄子云栩栩之蝶，蝶之为蚁，继而化蛹，终而成蝶飞去，凡三时期。学画者师今人、师古人、师造化，亦当分三时期。师今人者，练习技术方法；师古人者，考证古今源流；师造化者，融合今人古人，参悟自然真趣。如此有得，始克成家。古今画评，皆论赏鉴古今艺成之作，非示初学途径。学者初师今人，授以口诀；继师古人，重在鉴别；终师造化，穷极变化，循序而进，以底于成。吴道子初师从张旭，学书不成，去而学画。杨惠之学画不成，去而学塑，亦可成名。成与不成，全关功候，昔人造就，确有平衡。否则欲速成名，未尽研求，徒凭臆说，离经叛道，不学无术，妄议是非，识者嗤之。

道在上古，结绳画卦，书画同源。两汉三唐，贵族荐绅莫不晓画。赵宋而后，文武分途，人罕识字，画多犷悍，遂流江湖。宣和院体，专事细谨，又沦市井。苏、米崛起，书法入画，士夫之学，始有雅格。浅人肤学，废弃名作，非谓鉴赏，玩物丧志，即言画事，是文人游戏。米元章亦云人物花鸟，贵族玩赏，为不重视。而《北风》《云汉》，有关人心世道，宜有真知。但喜人物花鸟，不明山水画之阴阳显晦能合变化虚灵，无以悟名理之妙，与宙合之观。笔墨流美，远追金石篆隶。然非研几，优绌不分，世好多殊，画事以坠。自李渔刻《芥子园画谱》，笔墨之法，学无师承。欧化影印盛行，人事机巧，过于发露，而天然古拙，无复领悟，聪明自逞，愈工愈远。或有时代性者如刍狗，无时代性者为道母；道之所在，循流溯源，史传记载，古今品评，贯彻会通，庶可论画。笔墨章法，先从矩矱，由生而熟，归于变化，学期有成，成为自然，可勉而至。若有未成，互相劝诫，精益求精，不自满足。此师儒之责，亦学者宜勉也。

本源

自来书画同源。书是文字，单体为文，孳生为字，以加偏旁。文字所不能形容者，有图画以形容之，尤易明晓。故图画者，文字之余，百工之母也。今求学画之途径，非讨论文字，无以明画之理，非研究习字，无以得画之法。画家古今之史传，真迹之记载，名人之品评，天地人物，巨细兼该，皆详于文字。学画之用笔、用墨、章法，皆原于书法。舍文字书法，而徒沾沾于缣墨朱粉中以寻生活，适成其为拙工而已，未可以语国画者也。

精神

人生事业，出于精神，先于立志，务争上流。学乎其上，得乎其次。有志者事竟成。语云：天下无难事，只怕用心人。专心练习，不入歧途，前程远大，无不可到。古代名手，朝斯夕斯，功无间断，必为真知笃好。百折不挠之人，虽或至于世俗之所讪笑，而不之顾。学以为己，非以为人。一存枉己徇人之见，急于功利，废自半途；往往聪明才智之士，敏捷过人，而多蹈此迷误，终身门外，岂不可惜。昔吴道子学书不成，去而学画。杨惠之学画不成，去而学塑。立志为学，务底于成，量力而行，不为废弃，方可不负一生事业。此精神之宜振作，尤当善为爱护其精神，慎不邻于误用也。

品格

以画传名，重在人品。古今技能优异，称誉当时者，代不乏人，而姓氏无闻，不必传于后世。以其一艺之外，别无所长，唐史之多，不为世重，如朝市对湖之辈，水墨丹青，非不悦俗，而鉴赏精确者，恒唾弃之。古有苏东坡、米海岳、赵松雪、徐天池，诗文书画，莫不兼长，墨迹流传，为世宝贵。又若忠臣义士、高风亮节之士尤为足珍。此论画者固以人重，而其人之画，亦必深明于理法之中，故能超出乎理法之外，面目精神，自然与庸众殊异。特浅人皮相，不点俗目，往往见之骇诧，以为文人之游戏如此，心不之喜。而不学之文人，又借此以为欺世盗名，极其卑下，可胜慨哉！

学识

古人立言垂教，传于后世。口所难状，手画其形，图写丹青，其功与文字并重。人非生知，皆宜有学，成己仁也，成物智也。《大学》言：格物致知。《中庸》曰：好学近乎智。《说苑》亦云：以学愈愚。学问日深，则知识日广，故孔子论为学之序，必先智者不惑，而仁勇之事，尤非智者不能为。孔子又曰：好智不好学，其蔽也荡。子贡曰：学不厌智也。人生于世，惟学可以化为智，而智者更当好学而无疑矣。

立志

学以求知，先别品流。志道据德，依仁游艺，成于自修。出而用世，可以正人心，端风化，功参造化，兼善天下，此其上也。博综古今，师友贤哲，狂狷自喜，淡泊可安，不阿时以取容，无矫奇而立异，穷居野处，独善其身，此其次也。至若声华标榜，利禄驰驱，凭荣辱于毁誉，泯妍媸之趣向，观乎流品，画已可知。是以画分三品，曰神，曰妙，曰能。三品之上，逸品尤高。有品有学者为士夫画，浮薄入雅者为文人画，纤巧求工者为院体画。其他诡诞争奇，与夫谨愿近俗者，皆江湖、朝市之亚，不足齿于艺林者也。此立志不可不坚也。

练习

释清湘云：古人未立法以前，不知古人用何法；古人既立法以后，学者不能离其法。画之法有三：曰笔法，曰墨法，曰章法。初由勉强，成乎自然。老子言：人法天，天法地，地法道，道法自然。因天地之自然，施人力之造作，应有尽有，应无尽无，如锦绣然，必加剪裁，而后可成黻冕。语曰"江山如画”，正谓江山本不如画，得有人工之采择，审辨其人画之处而裁成之。此画之所由宝贵也。

涵养

董玄宰言：读万卷书，行万里路，乃可作画。画学之成，包涵广大。圣经贤传，诸子百家，九流杂技，至繁且赜，无不相通。日月经天，江河行地，以及立身处世，一事一物，莫不有画；非方闻博洽，无以周知，非寂静通玄，无由感悟。而况乾坤演易，理贯天人。书画同源，探本金石，取法乎上，立道之中，循平实而进虚灵，遵准绳以臻超轶，学古而不泥古，神似而非形似，以其积之有素，故能处之裕如焉。

成就

古人为圣为贤，成仙成佛，其先习苦，莫不有忧勤惕厉之思。及至道成，又自有其掉臂游行之乐。庄子云：栩栩然之蝶。蝶之为蚁，继而化蛹，终而成蛾飞去，凡三时期。学画者师今人不若师古人，师古人不若师造化。师今人者，食叶之时代；师古人者，化蛹之时代；师造化者，由三眠三起，成蛾飞去之时代也。当其志道之初，朝斯夕斯，轧轧终日，不遑少息，藏焉修焉，优焉游焉，无人而自得，以至于成功，其与圣贤仙佛无异。虽然，君子择术，慎于始基。昔赵子昂画马，中峰大师劝其学为画佛。此则据德依仁，亦立言垂教之微旨也。游艺之士，可忽乎哉！

画学散记

传授

缋事相传，炳耀千古。指示文稿，口述笔载，全凭授受。画分宗派，传有衺正，不经目睹，莫接心源，世有作者，非偶然也。在昔有虞作绘，既就彰施；成周命官，尤工设色。楚骚识宗庙祠堂之画，汉室详飞轸卤簿之图。屏风画扇，本石晋之滥觞；学士功臣，缅李唐之画阁。留形容以昭盛德，兴成败以著遗踪。纪传所载，叙其事者，并传其形；赋颂之篇，咏其美者，尤备其象。虽其开容之盛，巨细毕呈，传述之由，古今勿替。自李思训、王维，始分两宗。谢赫、郭若虚盛夸六法，遂谓气韵非师，关于品质，生知之禀，难以力求，不得以巧密相矜，亦非由岁月可到。观之往迹，异彼众工，良由于此。至谢肇淛又谓，古之六法，不过为绘人物花鸟者言之，若专守往哲，概施近今，何啻枘凿，其言良过。夫论画之作，承源溯流，梁太清目既不可见。唐裴孝源撰《公私画史》，隋唐以来，画之名目，莫先于是。张彦远、朱景元复撰名画记录，由是工画之士，各有著述。如王维《山水诀》、荆浩《山水赋》、宋李成《山水诀》、郭熙《山水训》、郭思《山水论》诸书，层见叠出，不可枚举。要皆古人天资颖悟，识见宏远，于书无所不读，于理无所不通。得斯三昧，借其一言，足以津逮后学，启发新知，无以逾此。文人雅士，笃信书学，知其高深远大，变化幽微，兴上下千古之思，得纵横万里之势，挥毫泼墨，皆成天趣，登峰造极，胥由人力。是以山水开宗南北，人物肇于顾、陆、张、吴，花卉精于徐熙、黄筌。关仝师荆浩，巨然师董源。李将军子昭道、米海岳子友仁、郭河阳子若孙，皆得家传，称为妙品。元季四家，遥接董、巨衣钵，华亭一派，实开工、恽先声。从来缋事，非箕裘之递传，即青蓝之授受，性有颛蒙明敏之异，学有日进无穷之功。麓台云：画不师古，如夜行无烛，便无入路。龚柴丈言：一峰道人，云林高士，皆学董源，其笔法皆不类，譬若九方皋相马，当在神骨。蓝田叔称画家必从古人留意。如董、巨一门，则皴为麻皮、褪索，后之学者，咸知于此，问津荆、关，劈斧、括镇，师者已罕。盖董、巨之渲染立法，犹可掩藏，荆、关以点画一成，难加增减。故考实录，必参真迹，见闻并扩，功诣益深。

唐程修已师周昉二十年，凡画之数十病，一一口授，以传其妙。

云林以荆浩为宗，萧萧数笔，神仙中人也。闻有林壑似李成，而写人物及着色者，百中之一耳。其槃礴之迹，寓深远于元澹清颖，潇洒得自先天，非后人所能仿佛。

作画先定位置，次求笔墨。何谓位置？阴阳向背，纵横起伏，开合锁结，回抱勾托，过接映带，须跌宕欹侧，舒卷自如。何谓笔墨？轻重疾徐，浓淡燥湿，浅系疏密，流丽活泼，眼光到处，触手成趣。

娄东王奉常烟客，自髫时便游娱绘事，乃祖文肃公属董文敏随意作树石以为临摹粉本，凡辋川、洪谷、北苑、南宫、华原、营丘树法、石骨、皴擦、勾染，皆有一二语拈提，根极理要，观其随笔率略处，别有一种贵秀逸宕之韵不可掩者，且体备众家，服习所珍。昔人最重粉本。

巨然师北苑，贯道师巨然。

云林早年师北苑，后师关仝。

黄子久折服高房山。

松圆逸笔与檀园绝不相似。

东园生曰：学晞古，似晞古，而晞古不必传；学晞古，不必似晞古，而真晞古乃传也。虎头三毫，益其所无，神传之谓乎？

董、巨书法三昧，一变而为子久。张伯雨题云“精进头陀，以巨然为师”，真深知子久者。学古之家，代不乏人，而出蓝者无几，宋元以来，宗旨授受，不过数人而已。明季一代，惟董宗伯得大痴神髓。麓台又言，初恨不似古人，令又不敢似古人。然求出蓝之道，终不可得。

宋人画山水者，例宗李成笔法，许道宁得成之气，李宗成得成之形，翟院深得成之风。后世所有成画者，多此三人为之。

山水画自唐始变，盖有两宗，李思训、王维是也。李之传为宋王诜、郭熙、张择端、赵伯驹、赵伯骕，以及于李唐、刘松年、马远、夏珪，皆李派。王之传为荆浩、关仝、李成、李公麟、范宽、董源、巨然，以及于燕肃、赵令穰、元四家，皆王派。李派板细乏士气，王派虚和萧散，此其惠能之非神秀所及也。至郑虔、卢鸿一、张志和、郭忠恕、大小米、马和之、高克恭、倪瓒，又如方外不食烟火人，别是一骨相者。

空摹

自实体难工，空摹易善，于是白描山水之画兴，而古人之意亡。宋徽宗立画学，考画之等，以不仿前人而善摹万类，物之情态形色俱若自然，笔韵所至，高简为工。此近空摹之格，至今尚之。夫云霞雕色，有逾巧工，草木贲华，无待哲匠，所谓阴阳一嘘而敷荣，一吸而揫敛。此天然之极致，虽造物无容心也。而粉饰大化，文明天下，亦以彩众，日协和气焉。故当烟岚云树，澄空缥缈，灭没万状，不可端倪。画者本其潇洒出尘之怀，对此虚幻难求之境，静观自得，取肖神似，所以图貌山川，纷罗楮素，咫尺之内，可瞻万里而遥，方寸之中，乃辨千寻之峻。昔吴道玄图嘉陵江山水，曰“寓之心矣”，凡三百里一日而尽，远近可尺寸许。董源画落照图，亦近视无物，远观村落杳然深远，悉是晚景，岭巅返照，宛然有色，岂不妙哉！沈迪论画，请当求一败墙，先张绢素，晁夕观之，视高平曲折之形，拟勾勒皴擦之迹。昔人称画家心存目想，神领意造，于是随意挥毫，景皆天就，是谓活笔。东坡诗云：论画以形似，见与儿童邻。作诗必此诗，定知非诗人。郭熙亦曰：诗是无形画，画是无声诗。故善诗考，诗中有画，善画者，画中有诗。惟画事之精能，与诗人相表里，错综而论，不其然乎？至其标题摘句，院体魁选，神思工巧，全凭拟议。若戴德淳（戴德淳，俞阴甫《茶香室录》作战，以战为僻姓。梁茝林作戴文进事）之梦中万里，作苏武以牧羊，春色枝头，为乔松之立鹤，伧得伧失，优绌分矣。又或拳鹭舷间，栖鸦篷背，写空舟之系岸，状野渡之无人，非不托境清幽，赋物娴雅，然其穷披文以入情达理，究窥情风景之上，钻貌吟咏之中，未若高卧青篝，长横短笛，想彼行踪已绝，见兹舟子甚闲，知属思之既超，见得趣之弥远耳。岂特酒家桥畔，竹飏帘明，骢马花间，蝶随香玉，为足见其形容画妙，智慧逾恒已哉！

沿习

方与之论北宋阎次平、南宋张敦礼、徐改之专借荆、关而入，自脱北伧躁气。

周栎园言邹衣白收藏宋元名迹最富，故其落笔无一毫近人习气。

顾、陆、张、吴，辽哉远矣。大小李以降，洪谷、右丞，逮于李、范、董、巨、元四大家，代有师承，各标高誉，未闻衍其绪余，沿其波流，如子久之苍浑，云林之淡寂，仲圭之渊劲，叔明之深秀，虽同趋北苑，而变化悬殊，此所以为百世之奇而无弊者。洎乎近世，风趋益下，习俗愈卑，而支派之说起，文进、小仙以来，而浙派不可易矣。文、沈而后，吴门之派兴焉。董文敏起一代之衰，抉董、巨之精，后学风靡，妄以云间为口实。琅琊、太原两先生，源本宋元，媲美前哲，远近争相仿效，而娄东之派又开。其他异流绪沫，人自为家者，未易指数。要之承伪袭舛，风流都尽。

石谷又言龆时搦管，矻矻穷年，为世俗流派拘牵，无繇自拔。大抵右云间者，深机浙派，礼娄东者辄诋吴门，临颖茫然，识微难洞。

董文敏题杨龙友画谓：意欲一洗时习，无心赞毁。以苍秀出入古法，非后云间、毘陵以儒弱为文澹。

宋旭、蓝瑛皆以浙派为人诋谟。白苧公谓宋旭所画《辋川图卷》，不袭原本，自出机杼，实为有明一代作手。

恽正叔自言于山水终难打破一字关，曰窘，良由为古人规矩法度所束缚耳。

华亭自董文敏析笔墨之精微，究宋元之同异，六法周行，实在乎是。其后士人争慕之，故其派首推艺苑，第其心目为文敏所压，点拟拂规，惟恐失之，奚暇复求乎古！由是袭其皮毛，遗其精髓，流为习气。盖文敏之妙，妙能师古，晚年墨法，食古而化，乃言“众能不如独诣”，至言也。

水墨兰竹之法，人人自谓兰出郑、赵，竹出文、吴，世亦从而和之。不知兰叶柔弱而光滑，竹叶散碎而欲脱，或时目可蒙，难邀真赏也。

麓台言，明末画中有习气，恶派以浙派为最，至吴门、云间，大家如文、沈，宗匠如董，赝本溷淆，以讹传讹，竟成流弊。广陵白下，其恶习与浙派无异。

仿云林笔最忌有伧父气，作意生淡，又失之偏枯，俱非佳境。

如右军、李成、关仝，人辄曰俗气，鹿床谓其忌之，遂蹈相轻之习。

偏于苍者易枯，偏于润者易弱；积秀成浑，不弱不枯。

神思

作画须楮墨之外别有生趣，趣非狐媚取悦，须于苍古之中寓以秀好，极点染处见其清空。

心手两忘，笔墨俱化，气韵规矩，皆不可端倪，仁者见仁，智者见智，所谓大而不可效之谓神。逸者，轶也，轶于寻常范围之外，如天马行空，不受羁络为也。亦自有堂构窃窕，禅宗所谓教外别传，又曰别峰相见者也。

画有六法，而写意本无一法，妙处无他，不落有意而已。世之目匠笔者，以其为法所碍，其目文笔者，则又为无法所碍。此中关捩，须一一透过，然后青山白云，得大自在，一种苍秀，非人非天。不然者，境界虽奇，作家正未肯耳。然亦未可执定一样见识，以印板画谱甲乙品题。

昔人梦蛟龙纠结，便工草书。

王逊之每得一秘轴，闭阁沉思，瞪目不语，遇有赏会，则绕床大叫，拊掌跳跃，不自知其酣狂。

恽正叔言，古今来笔墨之龃龉不能相入考，石谷则罗而置之笔端，融洽以出，神哉技乎！

作画于搦管时，须要安闲恬适，扫尽俗肠，默对素幅，凝神静气，看高下，审左右，幅内幅外，来路去路，胸有成竹，然后濡毫吮墨，自然水到渠成，天然凑拍。

昔人语：画能使人远。非会人心，乌能辨此？子久每欲濡毫，则登高楼，望云霞出没，以挹其胜，故其所写逸趣磅礴，风神元远，千载而下，犹足想见其人。有明沈石田、董玄宰俱自子久出，秀韵天成，每于深远中见潇洒，虽博综董巨，而美和清淑，逸群绝伦，即云林之幽淡，山樵之缜密，不能胜。当时松雪虽为前辈，惟以精工佐其古雅，第能接轸宋人，若其取象于笔墨之外，脱衔勒而抒性灵，为文人建画苑之机，吾于子久无间然矣。

古人真迹有章法，有骨力，有神味，元气磅礴超凡入化，神生画外者为上品；清气浮动，脉正律严，神生画内者次之。

张浦山述李营丘《山阴泛雪图》曰：以平淡为雄奇，以浅近为深奥。

梅道人深得董巨带湿点苔之法，每积盈箧，不轻点之，语人曰：今日意思昏钝，俟精明澄澈时为之。

山水苍茫之变化，取其神与意。元章峰峦，以墨运点，积点成文，呼吸浓淡，进退厚薄，无一非法，无一执法。观米字画者，止知其融成一片，而不知条分缕析中，在在皆有灵机。

石谷无聊酬应，亦千丘万壑，布置精到。麓台晚年专取笔力，大率任意涂抹，置畦径物象于不问。石谷之偏，神不胜形。

气格

张彦远云：右丞得兴处不论四时，如画家往往以桃杏芙容花同作一景，画《袁安卧雪图》有雪里芭蕉，此乃得心应手，意到便成，故造理入神，迥得天真。此难与俗世论也。

宋马远全境不多，其小幅或削峰直上而不见其原，或绝笔直下而不见其脚，或近参天而远山则低，或孤舟泛月而人独坐，此边角之景也。

查二瞻题程端伯画言：古人论书，既得平正，须返奇险。

石谷曰：画有明有暗，如鸟双翼，不可偏废。又曰：繁不可重，密不可窒，要伸手放脚，宽闲自在。又曰：以元人笔墨运宋人丘壑，而泽以唐人气韵，乃为大成。又曰：皴擦不可多，厚在神气。

王麓台熟不甜，生而涩，淡而厚，实而清，书卷之气，盎然楮墨外。石谷以清丽之笔，名倾中外，公以高旷之品突过之，世推大家，非虚也。

画之妙处，不在华滋，而在雅健，不在精细，而在清逸。盖华滋精细可以力为，雅健清逸则关于神韵骨格，不可勉强也。

沈宗敬（字恪庭，号狮峰），其布置山峦坡岫，虽有格而不续之处，而欲到不到，亦自有别趣也。

古来画家，名于一时，传于千载，其襟怀之高旷，魄力之宏大，实能牢笼天地，包涵造化，当解以槃礴时，奇峰怪石，异境幽情，一时幻现，而荣枯消息之机，阴阳显晦之象，即挟之而出。今观名迹，或千岩层叠，或巨嶂孤危，一入于目，心神旷邈，若置身其间，而愓然忘返。古有观《辋川图》而病愈，睹《云汉图》而热生者，非神其说也。至若一丘一壑，片石疏林，不过偶尔寄怀，其笔墨之趣，闲冷之致，虽挹之无尽，终非古人巨胆细心之所在。

古人南宋、北宋，各分眷属，然一家眷属内有各用龙脉处，有各用关合起伏处，是其气味得力关头也。如董、巨全体浑沦，元气磅礴，令人莫可端倪，元季四家俱私淑之。山樵用龙脉多蜿蜒之致；仲圭以直笔出，各有分合，须探索其配搭处；子久则不脱不粘，与两家较有别致；云林纤尘不染，平易中有矜贵，简略中有精采，又在章法、笔法之外。烟客最得力倪、黄，深明原委。

逼塞处不觉其多，疏凋处不见其少，荒幼不为澹，精到不致浊，浅深出入，直与造物争能。

古人作画有得意者另再作之，如李成寒林、范宽雪山、王诜烟江叠嶂之类，不可枚举。

工力

或居左相，驰誉只擅丹青，身本画师，能事不受迫促，此不欲区区以一技自鸣者。宋立画学，遂进杂流，犹令读《说文》《尔雅》《方言》《释名》等篇，各习一径，兼箸音训，要得胸中有数十卷书，免堕尘俗。风会日下，此义全昧，一二稿本，家传师授，转辗摹仿，无复性灵。如小儿学步，专藉提携，才离保姆，立就倾仆矣，昔人有云：山水不言，横遭点涴，笔墨至贵，浪被驱使，岂不冤哉！

杨芝（钱塘人）笔力雄健，纵兴不假思虑。自言安得三十丈大壁，磨墨一缸，以田家除场大帚蘸之，乘快马以扫数笔，庶几手臂方舒，而心胸以畅。

王孟津（铎，字觉斯）云：画寂寂无余情，如倪云林一流，虽略有淡致，不免枯干，尪羸病夫，奄奄气息，即谓之轻秀，薄弱甚矣，大家弗然。又曰：以境界奇创，然后生以气晕乃为胜，可夺造化。

麓台自题《秋山晴爽图卷》云：不在古法，不在吾手，而又不出古法吾手之外，笔端金刚杵，在脱尽习气。

温仪（字可象，号纪堂），三原人尝述其师训曰：勾勒处笔锋须若触透纸背者，则骨干坚凝。

天宝中，命图嘉陵江山水，吴道玄一日而毕，李将军数月而成，皆极其妙。

唐卢稜伽画迹似吴道子而才力有限，至画庄严寺之门效道子画，锐思开张，颇臻其妙，道子知其精爽已尽。

博大沈雄如石田，须学其气魄；古秀峭劲如唐子畏，须学其骨力；笔墨超逸如董文敏，须学其秀润。

石谷六法到家，处处筋节，画学之能，当代无出其右。然笔法过于刻露，每易伤韵。故石谷画往往有无气韵者，学之易病。

吴渔山魄力极大，落墨兀傲不群，山石皴擦颇极浑古，惬心之作，深得子畏神髓，而能摆脱其北宗窠臼。

麓台学宋元诸家，各出机杼，惟高士一览陈迹，空诸所有，为逸品第一，非创为是法也。于不用工力之中，为善用工力者所莫及，故能独臻其妙。

宣和画院每旬出御府图轴两匣送院，以示学人，一时作者竭尽精力以副上意。其后宝箓官成，绘事皆出画院，上时时临幸，少不如意即加墁垩，别令命思。虽训督如此，而众史以人品之限，所作多泥绳墨，未脱卑凡。

优绌

宋李公麟绩事集顾恺之、陆探微、张僧繇、吴道子，及前代名手以为己有，专为一家。

王逊之语图照曰：元季四家，首推子久，得其神者，惟董华亭，得其形者，予不敢让，若形神俱得，吾孙其庶几乎！圆照深然之。麓台论石谷太熟，二瞻太生。

唐韩幹与周昉（字景立，京兆人）皆为赵纵写真，未能定其优劣，言韩得其状貌，周并移其神思。

画有邪正，笔力直透纸背，形貌古朴，神采焕发，有高视阔步、旁若无人之概，斯为正派。格外好奇，诡僻狂怪，徒取惊心炫目，轧谓自立门户，真乃邪魔外道。又有一种粗服乱头，不守绳墨，细视之则气韵生动，寻味无穷，是为非法之法。惟其天资高迈，学力精到，乃能变化至此。

浙派之失，曰硬，曰板，曰秃，曰拙；松江派失于纤弱甜赖；金陵派有二，一类浙派，一类松江；新安自渐师以云林法见长，人多趋之，不失之结，即失之疏；罗饭牛开江西派，又失之易而滑。闽人失之浓浊，北地失之重拙。传仿陵夷，其能不囿于智而追踪古迹，参席前贤，为后世法者，其惟麓台。若石谷非不极其能，终不免作家习气。

耕烟晚年之作，非不极其老到，一种神逸，天然之致已远，不逮烟客。

宋代擅名江景有燕文贵、江参，然燕画点缀失之细碎，江法雄奇失之刻画，以视巨然，则燕为格卑，江为体弱，其神气尚隔一尘。

吴渔山称：澳门，一名濠境，去澳未远，有大西、小西之风。我之画不取形似，不落窠臼，谓之神逸。彼全以阴阳向背、形似窠臼上用工夫，即款识，我之题上，彼之识下，用笔亦不相同。此为洋画立论。

不落畦径，谓之士气，不入时趋，谓之逸格。其创制风流，昉于二米，盛于元季，泛滥明初。称其笔墨，则以逸宕为上，咀其风味，则以幽澹为工。

画宫殿，自唐以前不闻名家，至五代卫贤始，以此得名。郭忠恕以俊伟奇特之气，辅以博文强学之资，游规矩准绳中，而不为所签，论者以为古今绝艺。

许道宁初卖药长安市中，画山水集众，故早年画恶俗大甚。中年成名，稍自检束，至细微处，始入妙理，传世甚多，佳本极少。朱元璋以其多摹人画轻之。

名誉

无名人画有甚佳者，令人以无名命为有名，不可胜数。如见牛即说是戴嵩，马为韩幹。

王逊之家居时，廉州挈石谷来谒。石谷方少，与之论究，叹为古人复出，揄扬名公卿门，至左己右之。故翚得成绝艺，声称后世。

盐车之骥，云津之剑，声光激射，终不可掩。然伯乐、张华，尤足令人慨想已。

古人能文，不求荐举，善画不求知赏，曰：文以达吾心，画以适吾意。草衣藿食，不肯向人，盖王公贵戚，无能招使。

晋宋人物，意不在酒，托于酒以免时难。元季人士，亦借绘事以逃名，悠然自适，老于林下。

北宋高人三昧，惟梅道人得之，以其传巨然衣钵也。与盛子昭同里闬而居，求盛画者填门接踵。庵主惟茅屋数椽，闭门静坐，人有言者，笑而不答。五百年来，重吴而轻盛，洵乎笔墨有定论也。

石谷言其生平所见王叔明画不下廿余本，而真迹中最奇者有之，从《秋山草堂》一帧悟其法于昆凌府氏。观《夏山卷》会其趣，最后见《关山萧寺》本，一洗凡目，焕然神明，吾穷其变焉。沉思既久，因汇三图笔意于一帧，涤荡陈趋，发挥新意，徘徊放肆，而山樵始无余蕴。

北苑雾景横幅，势格浑古，石谷变其法为《风声图》，观其一披一拂，皆带风色，其妙在画云以壮其怒号，得势矣。

根于宋以通其郁，导于元以致其幽，猎于明以资其媚，虽神诣末至，而笔思转新。

本朝画家以山林韦布名闻宇内者首推石谷。而山人黄尊古存日，知己寥寥，迨其既逝，好事家始知实重，尺楮片幅如拱璧矣。就两家画法而论，摹古运今，允称双琥。至于神韵或有甲乙，请以俟后世之论定者。

吴与八后，赵王孙称首，而钱舜举与焉。至元间，子昂被荐入朝，诸公皆相埘取官爵，独舜举龃龉不合，流连诗画以终其身。所画寄意高雅，文采风流可挹也。

娱志

曹秋岳言，老莲布墨有法，世人往往怪之，彼方坐卧古人，岂顾余子好恶。

奇者不在位置，而在气韵；不在有形，而在无形。

学画所以养性情，涤烦襟，破孤闷，释躁心。胸中发浩荡之思，腕底生奇逸之趣。

画法莫备于宋，至元人搜抉其义蕴，洗发其精神，实处转松，奇中有淡，而其趣乃出。四家各有真髓，其中逸致横生，天机透露，大痴尤精进头陀也。

性情

兴至则神超理得，景物毕肖；兴尽则得意忘象，矜慎不传。

阮千里善弹琴，人闻其能，往求听，不问贵贱长幼，皆为弹之，神气冲和，不知何人所在。戴安道亦善鼓琴，武陵王晞使人召之，安道对使者破琴云：戴安道不作王门伶人！

笔墨一道，同乎性情，非高旷中有真挚，则性情不出也。

荆关小幅，南田拟之，用笔都若未到；非不能到，避俗故耳。麓台之拙，南田之巧，其秀一也。

山水

唐玄宗天宝中，忽思蜀中。嘉陵江山水三百里，李思训数月而成，吴道玄一日之迹，皆极其妙。

山石皴皵有披麻、乱麻、乱云、斧凿痕、乱柴、芝麻、雨点、枯髅、鬼皮、弹窝、浓矾头，一作泼墨矾头。山水为画，自当炳始。炳之言曰：理绝于中古之上者，可意于千载之下，旨微于言象之外者，可以取于书策之内。是以身所盘桓，目所绸缪，以形写形，以色貌色，竖画三寸，当千仞之高，横墨数尺，体百里之遥。故嵩华之秀，元牡之灵，皆可得之于一图。此画家山水所自昉。自是而后，高人旷士，用以寄其闲情，学士大夫，亦时抒其逸趣，然皆外师造化，未尝定为何法何法也，内得心源，不言本自某氏某氏也。

树木改步变古，始自毕宏。

五代以前画山水者少，二李辈虽极精工，微伤板细。右丞始能发景外之趣，而犹未画至。至关仝、董源、巨然辈，方以其趣出之，气概雄远，墨晕神奇，至李营丘成而绝矣。营丘有雅癖，画存世者绝少，范宽继之，奕奕齐胜。此外如高克明、郭熙辈，亦自卓然。南渡以前，独重李公麟伯时。伯时白描人物，远师顾、吴，牛马斟酌韩、戴，山水出入王、李，似于董、李所未及也。

梅道人深得董、巨带湿点苔之法。

云林写山依侧起势，不两合而成，米家山如积米，骤然而就。子久山直皴带染，林麓多转折。三者皆宗北苑而自成。

徐崇嗣画花萼，不作墨圈，用彩色积染，谓之没骨花。张僧繇亦积彩色以成，谓之没骨山水，而远近之势，意到便能移人心目，超然妙意。

川濑氤氲之气，林岚苍翠之色。

苔为草痕石积，有此一片，应有此一点。譬人有眼，通体皆虚。

李成、范华原始作寒林。

南宗首推北苑。北苑嫡家，独推巨然。北苑骨法至巨然而该备，又能小变师法，行笔取势，渐入阔远，以阔远通其沉厚。

出入风雨，卷舒苍翠。高简非浅，郁密非深。

贯道师巨然，笔力雄厚，但过于刻画，未免伤韵。

梅花庵主与一峰老人同学董巨，然吴尚沉郁，黄贵萧散，两家神趣不同，而各尽其妙。

黄鹤山樵一派有赵元、孟端，亦犹洪谷子之后，有关仝，北苑之后有巨然，痴翁之后有马文璧。

古人之画，尺幅片纸，想见规模，漱其芳润，犹可陶冶群贤，超乘而上。

惠崇《江南春》写田家山家之景，大年画法悉本此意，而纤妍淡冶中，更开跌宕超逸之致。学者须味其笔墨，勿但于柳暗花明中求之。

前人称，画山水者必以成为古今第一。成字咸熙，五季避乱北海，营丘人。

烘染

麓台作画，必先展纸，审顾良久，以淡墨略分轮廓，既而稍辨林壑之概，次立峰石层折，树木株干，每举一笔，必审顾反复，而日已久矣。次日复取前卷，少加皴擦，即用淡赭入藤黄少许，渲染山石，以一小熨斗贮微火熨之干，再以墨笔干擦石骨，疏点木叶，而山林屋宇、桥渡溪沙瞭然矣。然后以墨绿水，疏疏缓缓渲出阴阳向背，复如前熨之干，再勾再勒再染再点，自淡及浓，自疏而密，半阅月而成。发端混沦，逐渐破碎，收拾破碎，复还混沦。流灏气，粉虚空，无一笔苟下，故消磨多日耳。

周珝（字崑来，江宁人）画龙，烘染云雾，几至百遍，浅深远近，蒸蒸霭霭，殊足悦目。

石谷《池塘竹院》，设色，兼仇实父澹雅而气厚。此为石谷青绿变体，设色得阴阳向背之理。盖损益古法，参之造化，而洞镜精微。

今人但取赋彩悦目，不问节奏，不入窾要，宜其浮而不实。

今人尽谈设色，然古人五墨法，如风行水面，自然成文，荒率苍莽之致，北可学而至。

云林设色不在取色而在取气，点染精神皆借用也。抑而至于别家，当必精光四射，磅礴于心手。其实与着意不着意处同一得力。

唐大小李将军始作金碧山水，其后王晋卿诜、赵大年、赵千里皆为之。

设色

李思训善画设色山水，笔法尖劲，涧谷幽深，峰峦明秀，石用小劈斧，树叶夹笔。尝作金碧山水图幛，笔极艳丽，雅有天然富贵气象，自成一家法。后人所画设色山水多师宗之，然至妙处不可到也。

李公麟作画多不设色，但作水墨画无笔迹，惟临摹古画有用绢素着色老，笔法如云外水流有起倒。

石谷言于青绿悟三十年始画其妙。又曰：凡设青绿，体要严重，气要轻清，得力全在渲晕。又曰：气愈清则画愈厚。

张瓜田谓见元人《折技梨花图》，不知出自何人手。花瓣傅粉甚浓，叶之正者，着石绿以苦绿染出，反者以苦绿染，以石绿托于背，味甚古茂，而气极清。其枝干之圆劲，皴法至佳，嫩芽之颖秀，均非今人所曾梦见。安得有志者振起，俾花鸟一艺重开生面也。

用墨如设色则姿态生，设色如用墨则古韵出。

画，绘事也，古来无不设色，且多青绿金粉，自王洽泼墨后，北苑、巨然继之，方尚水墨，然树身屋宇，犹以淡色渲晕。迨元人倪云林、吴仲圭、方方壶、徐幼文等专以墨见长，殊不知云林亦有设青绿者，画图遣兴，岂有定见！古人云：墨晕既足，设色亦可，不设色亦可。诚解人语也。

李思训画着色山水，用金碧辉映，为一家法。其子昭道变父之势，妙又过之，故时号曰大李将军、小李将军。至五代蜀人李升，工画着色山水，亦呼为小李将军，宋宗室伯驹后仿效之。

赵千里《海天落照图》横卷，长几丈余，轮廓用泥金，楼阁界画，如聚人物，小如麻子，临之欲动，位置雄丽。

设也，所以补笔墨之不足，显笔墨之妙处。今人不合山水之势，不入绢素之骨，令人憎厌，至于阴阳显晦，朝光暮霭，峦容树色，皆须平时留心，淡妆浓抹，触处相宜，是在心得，非成法之可定。

麓台论设色云：色不碍墨，墨不碍色，又须色中有墨，墨中有色。王东庄言：作水墨画墨不碍墨，没骨法色不碍色，自然色中有色，墨中有墨。

青绿法与浅色有别而意实同，要秀润而兼逸气，盖淡妆浓抹，全在心得。浑化，无定法可拘，若火气炫目，则入恶道矣。

青绿体要轻清，得力全在渲晕，设色贵有逸气，方不板滞。石谷色色到家，逸韵不足。

文徽明《后赤壁图》，以粉模糊细洒作霜露，尤为精妙。

李营丘《山阴片云图》，以赭为地，上留雪痕，再用淡墨入苦绿染，然后晕染石绿，复以墨绿染之，其凹处略染石青，其雪痕处以粉点雪，树枝及叶，俱以粉勾粉点。

合作

吴豫杰（字次谦，繁昌人）工墨竹，姚羽京（名宋）长画石，有延其合作竹石屏幕障者。吴素简傲慢视姚，姚衔之，作石多用反侧之势，使难措笔。吴持杯谈笑弗顾，酒酣提笔，蘸墨横飞，风驰雨骤，顷刻而成，悉与石势称，而枝叶横斜转辗，愈见奇致。

杨晋字子鹤，常熟人为石谷高弟，常从出游，石谷作图，凡有人物与轿驼马牛羊等皆命晋写之。

唐玄宗封泰山回东，驾次上党潞，过金桥，召吴道玄、韦无忝、陈闳，令同制《金桥图》。圣官及上所乘照夜白马，陈闳主之，桥梁、山水、车舆、人物、草树、鹰鸟、器仗、帷幕，吴道玄主之。狗马驴骡牛羊橐驼猫猴貀四足之属，韦无忝主之。图成，时谓三绝。

王叔明画师王右丞，不跸鸥波蹊径，然灵秀之韵，得之宅相为多。极重子久，奉为师范。一日肃子久至斋中，焚香沦茗，从容出已得意画请教。子久为山樵从其匠心处复加点染，为《林峦秋色图》，觉烟云生动，世传为黄王合作。

黄子久、王若水合作大幅山水上有杜伯原本分题字。

查二瞻仿董源，刻意秀润而笔力少弱，江上翁秉烛属石谷润色，石谷以二瞻吾党风流神契，欣然勿让也。凡分擘渲澹点置，村屋溪桥，落想辄异，真所谓旌旗变化，焕若神明。

恽王合作，正叔写竹，石谷补溪亭远山，并为润色。言王叔明作修竹远山，当称文湖州暮霭横春卷，笔力不在郭熙之下，于树石间写丛竹，乃自其肺腑中流出，不可以笔墨时径观也。南田此图，真能与古把臂同行，但属余点缀数笔，如黄鹤、一峰合作竹趣图，余笔不逮古，何能使绘苑称胜事也。

郭忠恕人物求王士元添入，关仝人物求胡翼添入。

檪壑仿云林小幅，绝不似倪，盖临其中年笔，石谷为润色之，幽深无继。

讹误

张僧繇于金陵安乐寺画四龙，而点睛者破壁飞去。杨子华画马于壁，夜闻啼啮长鸣，如索水草。

李思训画大同殿壁兼掩障，至夜闻水声。

交友

与王任之[1]

任之世先生大鉴：昨诵手书，惠贶鳜鱼多珍，愿收感荷。梅君画笔，茜秀可嘉。能多见古迹，多闻画论，努力上乘，不难成功。惟时习轻薄促弱，不从浑厚华滋六法正轨筑基。国家研究人才，亦不及欧美诚实；且缺乏美术馆及乡邦文献之参考，造就后学，非常困难，加之兵联祸结，不可思议。兹将三册先此奉还。从来文艺，乱世崛起奇杰为多，古物沦散，道路奔走，皆是磨炼精神之处，告其发愤加勉尤盼。拙画花卉，聊此伴函。一笑。扺候道绥。宾虹拜上。

1　王任之（1916—1988），名广仁，字任之，安徽歙县人，新安医学一代名家。

与王伯敏[1]

伯敏仁兄：昨得手书并近作，深以天资学力具有优长为喜。原件附邮，查收可也。现今研究书画，先从古人遗迹详审源流派别，参以造化自然，抒写自己性灵。百年来海上名家仅守娄东、虞山及扬州八怪面目，或蓝田叔、陈老莲，惟蒲作英用笔圆健，得照书法，山水虽粗率，已不多靓。此外，如陈崇光、何媛叟、赵之谦、翁松禅，画传不详，精品稀如星凤。道咸名贤包慎伯、周保绪、郑子尹，虽珂罗版，俱无觅处，良可浩叹。中国学者自乾嘉来，奚冈以高丽国王索画致重名，周少白等无不游日本、朝鲜。日本大村西崖氏著《中国文人画之研

1 王伯敏（1924—2013），浙江台州人，中国著名美术史论家、画家。

究》，考据颇精确，惜未能见中国道咸间之文人画，故未能周全。道咸之间，内忧外患，风起云涌，常州学派昌言革命，至戴子高望与赵㧑叔、翁松禅皆承其流。画尤不能不推崇邹衣白、恽本初、笪重光、朱竹垞诸人。即最近之罗颂西振镛著《画话》及《画余随识》，论画与其自画，求之已不可得，询之友人，已多不知；自云与高邮宣古愚为表兄弟。其载陈若木轶事，为画传并无陈姓名。回忆我二十余岁初至扬州时，有姻戚何芷舠、程尚斋两运转，宦隐侨居，家富收藏，出古今卷轴，尽得观览。因遍访时贤所作画，先游观市肆中，具有李莲溪习气。闻七百余人以书为业外，文人学士近三千计，惟陈若木画花卉最著名，已有狂疾，不多画，索价亦最高；次则吴让之廷飏，为包慎伯所传。宋元遗迹，自南巡后多人《石渠宝笈》中。上古三代魏晋六朝画尚内美，有法而不言法，在观者之自悟，作画以不似之似物象者。古人画诀有“实处易，虚处难”六字秘传，老子言“知白守黑”。虚处非先从实处极力用功，好学深思，心知其意，无由入门。画言写意，意在理法之中，学者得于古理法之外，正谓画法。己法当于书法诗文悟出其法。道咸中《艺舟双楫》言北碑书法，而画之墨法始悟，古法胜明贤，然明贤启祯间画亦不朽千古。兄学画，又勤学诗文，兼习之，其理相通，必有大成，幸自珍重。黄宾虹年八十五，戊子冬于栖霞岭十九号。

与卞孝萱[1]

孝萱先生道席：久疏音候，时切神驰。近诵手书，聆悉德业贤劳，著述宏富，至慰至感。画传简略脱漏，元明叔季，隐逸尤多，轶事无闻，诚堪惋惜。清至道咸之间，金石学盛，画亦中兴，何暖叟、翁松禅、赵扮叔、张叔宪约数十人，学有根底，不为浮薄浅率所囿，虽恽正叔、华新罗尚不免求脱太早。元人集唐宋之精英，辟开蹊径。明至启祯，上追北宋，能以荆、关、董、巨为宗，碑传所载不全，立论尚有偏倚，董而理之，诚为亟务。广陵八怪，高西唐虽学浙江，论著谓其未尽师古，近敝箧收其画梅立轴，笔苍墨润，繁简得中，似在冬心、

1 卞孝萱（1924—2009），江苏扬州人，中国著名文史学家。

两峰之上，画史简略，无多佚闻。北京藏书较多，似宜举个人生平、家学、师承、友人、门徒、环境之造就，或编年，或分类。鄙人前十年，有僧渐江、垢道人，就皖南遗逸表彰之。友人瞿君编《中和》杂志曾采入，笔名予向，以向、禽游山以老，慕其为人。若凭一二人之臆见，不足为真评也。况近代画史，尝如《小仓山房诗话》，以得刻书之费为其编辑，抑又下矣。近百年中，陈若木之学识超众，狂疾亦可悯，轶事可传尚多。台端甚素加意，盍先成之。此候文绥。宾虹拜上。

与朱砚英[1]

（一）

砚英都讲大鉴：顷诵手书，并尊三纸，聆悉起居，至慰。画之真诀，全在用笔、用意二者努力。古人一艺之成，必竭苦功，如修炼后得成仙佛，非徒赖生知，学力居其大多数，未可视为游戏之事忽之也。庸史之画有二种：一江湖，一市井。此等恶陋笔墨，不可令其入眼；因江湖画近欺人诈赫之技而已，市井之画求媚人涂泽之工而已。如欲求画学之实，是必专练习腕力，终身不可有一日之间断。无力就是描，是涂，是抹。用

1 朱砚英（1901—1981），浙江海盐人，女画家，黄宾虹弟子。

力无法便是江湖，不明用力之法便是市井。故虞山、娄东易流市井，浙江、扬州易即江湖。论古今画者多在江南。元季四家登峰造极，明人尚知用笔法，常州如邹臣虎、恽香山、庄同生得其正传。新安四家因师其意。入清以后，继起已难其人。欧洲近来研究中国画者不取四王，以其甜而近于市井；不取石涛、八大，以其悍而近于江湖，其识见不可谓不高。然而一代作家成大名家不过数人，其他不能及之者，实宏识与毅力之不逮耳。习画无论如何，当于用笔之法，求其能知能行，求而不得，再加努力，得有笔法，兼知用意。所以画家题款多云仿某某笔意。“笔意”二字不过空空忽过。其法全在古人论书法之中，意则在北宋元明章法之内，熟视自能知之。高先生近在咫尺，多求其讲古人论书之法，即是道路；再多见名画，不难成功。大作于用笔之法，用功未深，不合自然。自然之道，先由勉强，而后可得。天生之物，人不能造；人造之器，天亦不生。天道自然，经贤哲用许多方法而得之。有时天不如人，可谓剪裁增减，人巧可夺天工，故摄影未可代画。而画之法不在位置而重在笔，不求修饰而贵于意。笔不可乱，意不可混，由分明而融洽，含刚劲而婀娜，此古今不易之理，非此则入于歧途，而无自得之趣矣。附拙作论用笔法，当细参之，如有疑虑，可辨难以求其真确，斯善学也。专此，即询学祉。宾虹谨启。

（二）

砚英女弟鉴：昨邮尊画并拙作小帧，日内谅可照收矣。兹将六尺中堂续寄上，因其边已裁去壹条，来函云是五尺亦可，不必斤斤较量，落市侩气习也。仆近于远方索画者无不应之，惟空函不报，以老年拟整理著述，无暇及此，且识画者今时已少，不愿明珠暗投也。前五十年，中国旧家无不有古画收藏，当时画家尚聆古法，多有研究。自欧风东渐，三仓文字，经传诵习，常图废弃，而通俗之文，仅识教科书与广告画耳。空疏无术者又以推倒古人，自己独造为能，种种荒谬风气流行，而古法荡尽矣。石涛之画，今世界人莫不爱之重之，其外貌似放诞易学，而细按之处皆从古法中出，故自谓古人未立法以前，不知古人用何法；古人既立法以后，我又不能离其法。用力于古人矩矱之中，而外貌脱离于古人之迹，此是上乘。四王、吴、恽只是终身在古人法度之中，不能脱离形迹者，尚且称宗作祖，而毫不究心古法者，妄欲推倒古人与自己独造，其无异于呓语耳。仆平生信而好古，求睹一古人真迹，不远秦楚之路，或力不能购者，虽典质衣履而为之售，今自以为保存少许古法，而欧人已有能见及此者已。宾虹启。

（三）

砚英都讲大鉴：日昨得手书并画，欣慰无似。承询画法，虚衷善受，尤为感佩。古人作画，一如作文，用笔如炼句，有顺有逆。逆是倒装句，是似宋人之诗，不易学，不可不学。虞山、娄东之后，全是顺笔，故画甜而不为鉴家所重。然顺笔亦不易，起讫分明，不可夹杂与有晦涩。唐宋人千笔万笔，无笔不简，简是从分明中悟出，非以多寡论也。用墨如诗文中词藻，先成句法，而后以词藻表明其语意而润泽之。用墨要见笔，犹作文用典要达意。着色是补墨色之不足。墨不掩笔，色用丹青，亦不掩墨。此用墨之法，即设色之法。设色如骈体之文。初唐四杰不如齐梁，洪北江、汪容甫胜于胡天游，以其有清气少浊气耳。设色非取悦观，墨色既妙，即不设色可也。古名画家一笔之中，笔有三折，一点之墨，墨有数种之色，力如高手。若徒修饰为工，虽诗如王渔洋，议者犹以新城爱好讥之诋之者，谓其如一大家庭而乏厕牏。四王之画亦坐此病。近来欧美人尚明白此理，凡我画家不可不明辨之。然四王亦正不易到，今所可见者皆赝本而乏真迹，宜乎画法较诗文尤为难明。至章法一层，尚是易事，多临摹古画，就能明白。古画康熙后可不看，古法已失传矣。鄙人生平留心古书画，凡名家无不参究，于大家力虽不能致，虽典质衣履而购之。如作文必多读周秦、两汉、唐宋古文，其后泛览之而已。此画法要诀也。拙画经数十年之研究，所见真迹不下十万余。近三年故宫南迁之画，精品已罕，从来私家收藏之多，可想而知。北来名画常有所见，而识之者寥寥无几。因不轻应酬闲人之画，恐明珠暗投耳。此复。宾虹手启。

（四）

砚因女弟大鉴：兹诵手书，聆悉厚意垂念衰朽，至以为感。大作前因有女生传观未寄，今取还付邮，略加数笔，用陈簠斋所谓古人金石书画下笔只是力大于身，纯用笔尖勾出，即有时最沉着处亦是生动。今人以轻飘为生动，误认恽南田、华新罗之求脱，而未能下沉着工夫也。现在欧美研究中国画颇多，皆于用笔辨别优劣，不问粗与细之分，只在用笔有力能自然耳。“自然”二字是画之真诀，一有勉强即非自然。用笔之法从书法而来，如作文之起承转合，不可混乱。起要锋，转有波澜，收笔须提得起。一笔如此，千笔万笔无不如此。虽古有一笔书，陆探微作一笔画，王蒙一笔有长十余丈者，仍是用无数笔连绵不绝，非随意曲折为用笔。唐褚河南每写一点，必作s，此真书画秘诀，用笔之法泄露几尽。积点成线，一画一直，无不皆然。至于章法，不过古人自开面貌，不欲与众同，故能自成一家。如仅临摹面貌，不得精神，不能成名。王烟客称法备气至为上。法是面貌，气是精神。气有邪正雅俗之分。语云：非静无以成学。我辈学古，静心观古人精神所寄，是为得之。鄙人蜷伏故都，无日不观古画，颇有精品。不少欧美人皆能知之，且深研究之，中国之学者不能如此，甚为着急。今大众言艺术救国，以真知笃好为先可耳。鄙论皆肺腑切实之言，非夸大浮伪也。沪上近年惟有傅雷君知我之画，且评论得当，伊办《新语》月刊，不得意，鄙意劝其倡言中国画理，俾欧美人知中国尚有研究之人，为艺术前途或放异彩耳。近来贱目已逊于前，而尚能不倦，每日作画。皖粤诸至友之酷好拙笔者，航邮画件颇不断而来，为衰老人作沽酒以慰劳力，可感可感。宾虹启。

与吴鸣[1]

仲鸣先生道席：前诵手书，并大作画，无任钦佩。国画精神，全关笔墨。格物致知，读书养气，由实而虚，因博而约。《易》言无极生太极。一画开天，笔有转折起讫。《老子》谓道法自然，欧西人云自然美，其实一也。法绘浑厚华滋，兼而有之。尚希公余之暇，读画看山，弗为懈怠。东方艺术，正当世宙重视，振起需人。若将医理贯通，发人未发，古人谓书画为特健药，非虚语已。上次有函件致与新加坡陈景昭君处，误封投递，曾请转寄陈君调回，是否有当？今得渠八月廿六日所发

1 吴鸣（1902— ？），字仲鸣，号挹翠阁主人，广东人，行医为业，能诗善画。

信件，尚未提及，谅在途中不远可到，念念。兹将大作小帧两册，及贵友索为拙画手卷条幅计四件外，又水墨山水、草虫、花卉八条，到祈察存。简笔山水若倪黄一派者，因前明以来，至乾嘉已流空疏，虽文人画，不及学人画远甚。尊见以为然否？余容续及。只候道绥。宾虹拜上。

再者，吴渔山《三巴集》诗中言澳门海边山景颇佳。尊筑松下清斋，闳藏名画。暇中得以简笔勾勒林峦泉石房宇结构寄示，拙笔当为图，以作纪念，幸勿见却。仆前三十年，亦买山于大江之滨，齐山秋浦间，筑屋藏书。南北奔走，经离乱后，久不得归，已非依旧。其地本唐李白与李冰阳游咏胜区，不胜古今之慨。又及。

与汪聪

孝文世先生大鉴：昨晤令弟携手教，并惠徽梨，恧感非可言状。藉聆公余爱搜古书画，尤为佩服。承属题件，在目障中勉题竣工，愧不能佳。春夏之交，各处文联、艺协同志意在提高文化，发奋研究，洵是可敬。兼代介绍人民医院最新医养，可以看山读画。变近视为老花，配镜能看报纸五六号小字，而光度已在一千倍极高之间，久用尚觉费力，勉可工作，差堪自幸。拙作《画学篇》长歌，于中国画学升降，略贡臆见。兹以清之道咸名流哲士追求画法胜于前人，以碑碣金石之学，参以科学理化，分析精微，合于宋元作品精神。拟加注释，详叙成帙，先附其略奉鉴，俟脱稿印出再上。徽宁，古之宣歙，文人学士，收藏美备，赏识高深，已超江浙而上。以黄山名胜，山川钟毓特灵，经兵燹后散佚无存，流传于北京、香港，或偶有之。沪市较多，不能久藏。私人力薄，而公家收购，狃于成见，远求晋、唐、元、明真迹，至不易得。四王、八怪以后，除海上名人无过问者，至为缺憾！鄙见以为包慎伯著《安吴四种》《艺舟双楫》，论书法即古画法。吴让之、陈崇光均得其传。黄左田钺、吴清卿、平斋自称歙人，迁吴及各省者尤多。敝藏近拟编集宣歙古画宗传，自元明至近代，不下百余人。朱璟、王寅、夏基、丁云鹏、詹景凤、渐江僧、汪之瑞诸先哲真迹。台端得暇，可来杭流览，合作成书，亦一快事。然北宋画自荆、关、董、巨、二米为一家法，谓为六法兼备，多写江南风景。元人之后，明之启祯，方合作法。及清道咸，如周保绪济、孟丽堂觐乙、宋藕塘光葆、汤雨生贻汾、齐玉溪学裘、翁松禅同龢、何蝯叟绍基、沈三白复，多有山水画，卓荦不群者百余人，收藏著述，交游博洽，天资学力俱全，非朝臣院体、市井江湖及空疏文人可比。文、沈、石涛、八大，今不足重，道光中已有论及之。余再述。此候台绥。宾虹拜上。

与林散之[1]

散之先生大鉴：得惠函并法绘，均读悉。古画大家全于笔墨见长，溯源籀篆，悟其虚实，参之行草，以尽其变。墨则有积墨、破墨、泼墨、焦墨、宿墨诸法，不徒浓淡二者而已。细笔当如粗笔，以得回环俯仰之妙为佳。近人画学珂璙版影本，墨法全失。是学者不可不求观真迹也。影印品仅供人研究画稿之用，大雅以为然否？大作、拙画均奉。此询日佳。黄宾虹顿首。

1　林散之（1898—1989），名霖，字散之，号三痴，江苏南京人，中国当代著名书画家。

与柳亚子[1]

近惠赐《南社诗文集》，阅悉。采辑宏多，猥以下走恶札，羼刊其间，滥竽之俱，前函本非饰词。先生顾不见谅，且重下走之愆，君子爱人以德，果如是耶！窃以学问、道德、文章三者，皆不可假以虚誉。故古人寻常酬应之作，取入刊集过多，已足损品，况以瓦击之鸣，而杂笙璈，其必不能动人清听明矣。鄙意文字贵于精美，以关道德学问为归，非此宁缺毋滥，宁鲜毋蕆可也。下走学植荒落，无由进德，惟蜷缩尘市中，岑寂如崖谷，仅摩挲古金石书画，间与一二欧友相研求，稍剖前

1 柳亚子（1887—1958），本名慰高、弃疾，号亚子，江苏苏州人，中国近现代著名诗人。

人拘泥穿凿之惑以为快。自谓古人之道与艺，皆于是乎存，而不知其僻隘也。益以世氛日嚣，人生靡乐，故交之士，遭戮辱罹祸乱者，不可偻计，伤何如之！然成务而偾踣，立异而触冒，此非尽庸人，而沉几未深，豪杰与有责焉耳。邦之兀臬，来日大难，先生其何以拯救之！亚子先生道安。质启。

与胡韫玉[1]

朴安先生大鉴：昨辱枉顾，并示公子沛平所作画，敬佩敬佩。获谈尚有未罄，拉杂陈之。画家称“浓、干、黑、淡、湿、白”六字，得用墨之秘钥。近人林畏庐作画，必先调三五色墨水，分别其浅深而用之。此为初学者简易之法，直到熟境，即可不拘于此。盖世俗以水墨淡雅为气韵，以笔毛干擦为骨力，因此误入此途，几数百年无人力辨其非，以学四王徒袭其貌而未深思耳。墨法高下，全关用笔。用笔以万豪齐力为准，笔笔皆从毫尖扫出，用中锋屈铁之力，由疏而密。二者虽

1 胡韫玉（1878—1947），字仲明，号朴安，安徽泾县人，中国近现代古文字学家、训诂学家、诗人。

层叠数十次，仍须笔笔清疏，不可含糊。如云间派之凄迷琐碎，吴石仙作画，在楼上置水缸，将纸湿至潮晕，而后用笔涂出云烟，虽非不工，识者终所不取，以其无笔也。浓干淡湿中，处处是笔，始无墨猪；用笔有力，始非春蛇秋蚓，然亦不可太过。沈石田于南宋马远、夏珪，皆致力独深，惟不师其面貌，故无剑拔弩张之态，为绘画正宗。明初吴小仙、蒋三松学马、夏，张平山诸人继之，当时谓为没兴马远。马远善用浓淡黑白，明人已能淡而不能黑。非不欲浓，患不白耳。故愈淡愈无精彩。至石田起，能于浓墨法，一变而为唐六如、文徵仲之师。唐学李晞古，其黑人人知之。文学赵松雪，其细笔者，世不之重；其粗笔者，谓之“粗文”，极浓黑可喜。意师吴仲圭而稍变之者，得其一幅，可抵十幅。赏鉴者非喜其浓黑而厌淡与自，正骇其淡与白非浓且黑不足以显之，翻觉水墨之淡者，非但不黑，并且不白，与古人深厚浓郁之趣不侔。故惟浓黑淡白兼施，而以干湿副之，笔墨之能事方见。沈石田、唐六如、文徵仲，皆吴人，文弱之区，观其笔墨，何等沉雄桀骜，毫无娟秀靓好如所谓修饰涂泽者，乃能震曜千古，垂名不朽。其后效之者，渐即于轻秀浮薄。太仓、廉州、石谷，虽变其法，而弱已甚。麓台矫然振作，自谓笔下金刚杵，究不能脱尽修饰涂泽之迹，虽雅而不能雄，虽厚而不能沉。有清一代，专师石谷者，十之八九，以致见林园景致，红桃细柳，朱栏画舫，观者醉心；见复岭重峦，规矩森严，笔墨酣饱者，即视为北派不足称，无怪我日即于衰薄，而为艺林所厌弃。今非急于为市利，计莫若扫除时习，溯源古哲。明人从石田筑基，尚有骨力，清代徒崇石谷，虽得貌似，去古益远。观吴仲圭与盛子昭，望衡对宇而居，显晦之间，自有定评在后，不必随流俗为转移，于此可以悦心，可以垂远。专此，即颂日绥。

与高燮[1]

卷翁先生座右：兹诵手教并惠佳什，回环再四，感佩交萦。砚因女棣前拟为社会服务，来杭数旬，将待机会。适因工商两界改造忙碌，劝其用力绘事，整理文学，于风诗骚选乡邦先哲，加之记录。近闻明年将有大规模发展古今文化举动。贱目近视兼生内障，近益加剧，字迹涂鸦，几不可辨。曩学文词，见旧友黄晦闻、罗甫堪呕出心肝如李长吉，惮难而退。力薄识浅，究心绘事，涉猎名作，益叹国学上下古今纵横万里，格物致知即是科学，修身齐家，兼用哲学。画务食古能化，将

1　高燮（1878—1958），即高吹万，字时若，上海金山人，中国近现代著名作家、诗人。

来文科不废。画学有民族性，为遗传法；有时代性，为变易法。习画者，或理论，或记录，宜务大众参考，方合遴选。清代自四王、八怪，蹈入空疏，法度尽失。道光、咸丰，学者奋发，画如包慎伯、林少穆、赵之谦、张度、郑珍、何绍基、吴荣光、翁松禅，合于正轨。而朝臣院体江湖市井，以及颜习斋所谓文人，若焦理堂、龚定庵一流，皆有画，偶尔游戏，不足为后人观法。虽多读书述古，较不识字者为胜，此后改革，不克淘汰，吾为此惧。近年仅从识字入手，举从前所作，弃而不留。语云"彰人少作，贻人后悔"的是名言。迩来长沙发掘周秦西汉文物，浙江良渚、安溪等处夏玉，间有文字图画。白蕉兄以玉圭古文字拓本，索为考释，砚因愿代抄录誊清，分致沧叟、蜕老正谬。此附，只候著绥。宾虹拜上。壬辰五月十一日。

与许承尧[1]

芚公先生大鉴：晤杨斗枢君，领到惠赐饬钞《乡音正字》《府志辨证》，感谢感谢。顷颂手书，指示拙诗，俾有遵循，荣幸何似。昔浑南田常责石谷题画诗跋不通，不吝诤言，古道可风，艺林传为佳话。今获南针之赐，此乐当何如之。程君房墨近日稀如星凤，要以未受潮湿、无碎裂痕者为佳。其次能不黏手有黑色者。前明制墨杵功最足，墨之锋棱能以切纸。唐墨一螺可磨十年，坚可想见。否则碎裂者可捣碎再制，即“冬心墨”是也，冬心得程君房墨改造之耳。静庵为明初戴文进之

1　许承尧（1874—1946），字际唐、芚公，安徽歙县人，中国近现代著名书法家、诗人、方志学家。

号。徽地常有明初人画。戴画善用墨，近北宗马、夏之遗也。黄山僧未详。家凤六公画中，题诗颇多，拟搜集另刻成帙。近访得郑慕倩诗五首，录出共赏之，画不可求。昨往浦东顾氏园看桃花，返沪有拙诗并画，尚未脱稿，兹录前十余年旧作，先乞郢削，琐渎勿责。江秋史、洪北江、郑谷口三件，均送令亲罗寓。遇有歙人墨迹，仍当留意收入，以备采择。歙中他姓族谱记载轶闻，往往有所见。如见书画篆刻之人，能分类录存，亦徽学之关系于国粹者，祈公赞助之。至于经史著述，博大精奥，不易为力，可搜其书。安徽丛编二集决刊程让堂《通艺录》。惟彤、演二老均往皖，经费周转，时局关系，不卜能否继续何如耳？现有陈乃乾君印旧本书，仅印百部，价稍高，此法亦佳。石影每页只洋一元不到，拟仿为之。专候道绥。黄宾虹顿首。

与傅雷[1]

（一）

怒庵先生著席：昨奉扇页，谅荷察收。顷诵手教，谦抑精审，佩极佩极。“没笔痕而显笔脚”，分明是笔，融洽是墨。没笔痕是融洽，显笔脚是笔法分明。“谓之书画者”，书法用笔，与画用笔相通，方是名大家。此二句，原是前人论画之成语，书家有笔法无墨法，谓之奴书。唐人写经，多经生所作，故不名贵。古人善书者必善画，以画之墨法通于书法。观宋元明人法书，如赵

1　傅雷（1908—1966），字怒安，号怒庵，上海南汇人，中国现代著名翻译家、作家、文艺评论家。

子昂、文徵明，至于王铎、石涛，其字迹真伪至易辨。真者用浓墨，下笔时必含水，含水乃润乃活。王铎之书，石涛之画，初落笔似墨渖，甚至笔未下而墨已滴纸上。此谓兴会淋漓，才与工匠描摹不同，有天趣，竟是在此。而不知者，视为墨未调和，以为不工。非不能工，不屑工也。考试翰院之书非不工，只是外面停匀，全是做成，失于自然。康熙以前殿试策尚不如此，甚有淡墨行书者。至嘉道后，不观文字，只看写得停匀，正如画者至乾隆后，工者全是院体，不言笔墨。今旧京人物花鸟学院体者，易于描摹貌似，再进一步即学新罗山人或唐六如居士，以为轻松流动，不深究新罗、六如佳者正多古拙，与近代习见者不同。因伪作者学其流动，而遗其古拙。古拙不易学，而流动变为浮滑，观之令人可厌。流动之中有古拙，才有静气。无古拙处，即浮而躁，以浮躁为流动，是大误也。今救其弊，非先从论书法说明下一种苦功，不易做到。古人殚毕生之力，无间断之时，得其笔法。去年尊函有谕拙笔为简单画法之引导，甚合。但鄙人曩在沪与友人之习画者言之，无不笑为迂阔，甚或借为戏谈，因之不敢向人轻说理论。以台端之精心毅力，研究中外画理，乘此时局之闲，尽可习中国之画，其与西方相同之处甚多。人同此心，心同此理。所不同者工具物质而已。现今西画工具缺乏，油画家多收购宣纸、花青、赭石，以为油画变通。将来物质上影响及于画理者，更当丰富。画以自然为美，全球学者所公认，爱美者因设种种方法，推求其理。中国开化文明最早，方法亦最多，不知几经改革，以保存其今古不磨之理论，无非合乎自然美而已。故理法虽可宝贵，而气韵又从理法而出，更为宝贵。拙撰下篇《气韵》一首，尚未缮出。所论理法一篇，又改易颇多，当再誊一清稿，请教是否的确，未易知也。用笔之法，书画既是同源，最高层当以金石文字为根据。道咸中潍县陈簠斋太史，以贵公子研求金石，其论古人篆籀用笔，只是“指不动”三字，简要详明，可为学画与观画之真伪确据。方寸以内运腕，方尺以内运肘，再大者运臂。若徒用指挑剔为流动，即非古法。仔细思之，其言甚确。鄙意将笔法作图，略附说明，以审断古今画家之优绌，当无可遁。然筌以得鱼，蹄以得兔，其终可以相忘于无形者，大而化之耳。总论而画者以不似为得其神，“神”误作“初”，草字略近之讹。画贵神似，不在形似，所以不似而似者，为得其神似。苏米崛起，书法入画，为士夫画，始有雅格。士夫之学，语有未妥。画格当以士夫为最高，因其天资学力，闻见鉴别，与文人不同。文人画不必天资聪敏。学力深厚，闻见广博，鉴别精审；苟能明通用笔用墨之法，即章法不稳，不至恶俗，已胜于作家之精能。故论画者以能品为下。画之理法精通，处处皆能入彀，甚至精工之极，为人惊叹其学力之深厚，寻常所不能到。如蓝瑛田叔、周臣东村之流，皆不为艺林所重。虽马远、夏珪，论南宗画者尚不愿学；画非不佳，以视董北苑、释巨然之山川浑厚、草木华滋，品格卑弱，残山剩水，人以马一角呼之。故明初吴小仙、张平山、郭清狂、蒋三松一辈，均由马夏脱胎，用笔霸悍粗率，全无含蓄舒和之气，学者目之为野狐禅。近日东西海外艺术家，以其写生相近欧学，啧啧称之。近年欧美人能读中国论画之书，已知其卑陋而求士夫画矣。芥子园画谱因得李流芳画册数十页，又请王概字安节足成之，为山水画谱。此明人刻书习气。李笠翁人品学问，皆非上游，为投时作此，便于不学之人流览，偶尔涉笔，即可冒得风雅之名。于是清代画者以四王为最佳。在当时因明季名大家虽多高手，因东林党人为时所忌，王时敏世代与东林为仇敌，且捧场王石谷一寒酸寡学之子，以为高出宋元之上，即麓台皆为之不平，谓为大江南北，以石涛为第一。由此一变为扬州八怪，与四王相反，惜仍学识不足，远逊明贤。至于道咸，学书者多，兼之习画，如吴荷屋、姚元之、吴让之、翁松禅，皆出八怪之上。而提倡之者以其真迹不易见，而四王真赝杂出之作，遂为雅俗所共赏。犹词曲昆腔不行，陂黄京调较易合俗，今且变舞台为剧场，令不学者一望而知，才是通俗。仿古之画既将推翻，而折中一派不东不西，国画灵魂早已飞入九天云外，非有大魄力者拯救疾苦。画乃文化萌芽，不能培养，其他更不堪问。画有民族性，无时代性。虽因时代改变外貌，而精神不移。今非注重笔墨，即民族精神之丧失，况因时代掺入不东不西之杂作。今之士夫，书法且不讲，何由识画。画之不明，语言文字精神无所寄托，昏昏如梦如醉，大可哀矣。拙撰屡拟竭忱删改，一则招人非笑迂腐，以为重在复古。历史沿革，古既难废，时习之所谓为新者，皆中国古人所唾弃。海外学者虽有名言确论分科类析诸法可以参用，鄙见以为多宝架上之瑜瑕杂见，每多挂一漏万，不若一鳞片羽，尚是稀世之珍。因与众见参差，踽踽凉凉，寂寞久已。教科书之大旨似多守旧，最重笔法，悬腕中锋，朝夕研练，当无片刻之间断。即不挥洒，亦是泛观名迹，探讨名论。于画有益之学，范围至大，由博返约，笔法既合墨法，方能应手自如。至于章法，千变万化，仍是笔墨精神，非徒关丘壑位置。鄙见奉劝台端习画，正为贯通中西学理实践之地。画之论法，固是低下，即空谈气韵，亦不能高。所以古人论画，有由门入者不是家珍。古法口授，笔已难罄。学者如牛毛，获之如麟角。修养途径必赖多见名大家真迹。今言古物胜于古书，考古学发明，文化更有实据。鄙人自幼遭先君商业失败，游学金陵、维扬、皖江诸大都，从事垦荒，所获赢余，尽购古金石书画，置之行箧。近拟编目待刻，颇有元明名家真迹。近年生活昂涨，设法携沪售去。现虽精神尚可护持，将来时局如何，难于逆料，用是惴惴。同志旧友，日渐凋零，艺术前途，茫茫后顾。语言文字一日不废，国画即千古常新，又差自慰。时代背景或有不同，变通其间，自关识力。由浅入深，初非躐等。画源书法，先学论书，笔力上纸，能透纸背，以此作画，必不肤浅。去笔之病，贵有切磋，高下远近，所差不多，得失甚大。欧学物质文明初步迥异，至于思想，原无不同。理法之外，当详气韵可也。宾虹拜上。

（二）

怒庵先生惠鉴：顷诵月之十一夜所发书，并大著《美术检讨》，热忱毅力，感佩无既。拙画寄沪，前云总数百件，系专指山水画，而篆书花卉不计，信中未详及之。尊处收件不误。沪上敝友胡朴庵久病谅痊，姚石子、高吹万皆能文，于画理尚无多研究，然交数十年如一日，而待鄙人至诚意。郑午昌能文，十年来印务谅忙碌，不卜能否动笔，不可卜。童心安素谦谨，于鄙人为嗜古印之交，亦画花卉。王秋湄于六朝遗像有著述，而画理亦疏，颇嗜收集，足称好事家，然沪上熟人极多，较奥友陆丹林尤胜。陆丹林前办《道路》杂志，相识满天下，丐时人笔墨亦甚多，亦玉石不分，特画家捧角之健将，与鄙人亦交好，近闻由香港返申矣征。叶誉虎称高奇峰为画圣，丹林奉张善孖亦为画圣，是否的确，当有世评。奇峰、善孖已故，而陈树人、高剑父亦不知存亡，皆鄙人之友好，而旨趣不同。因今次不关陆丹林，亦未悉其寓址，前一二年在港尚通讯，有敝女生赵含英、吴咏香得其招呼港友介绍之。含英于秋湄熟人，前朱竹坪在世，与张丹甫、何亚农常接近。惜含英未深造，在港时曾函索拙画，及寄去而人已离港。秋湄于鄙人数十年之交，往来亦相得，惟于拙画只取细笔索之，鄙心甚畏惮。因近年拟乘暇整理拙稿，购求书籍及金石书画为考证古人实事，细笔乏暇画，惟于普通板本之外寻线索。如四王有烟客，三百年来供为山水画之宗师，至今香火不绝，而教徒未之深省。要因烟客为王锡爵之孙，世代与东林正人为世仇，至烟客尤甚。借满清鼎革之力，揄扬石谷，立四王门户，娱媚君主朝臣而已。当时画家巨手数十辈，抑塞不闻于世者，不可胜计。然石谷成名少壮之时，有恽南田代笔并书款，以扬于识者之前，焉得不好。南田卒，而石谷四十以后画最劣，及六十五岁努力成功，仅得笔法中之留字诀，然腕弱格疏，疏空之疏，非疏密之疏，但修饰靓雅耳。书至一雅便俗，米南宫之所谓雅格，殊大不然。水墨淋漓，用笔恣肆，坚实行徐，无丝毫姿媚尘俗气。故元四家得之，以成绝技。南宫谓唐宋人皆俗气。雅笔惟苏东坡、米南宫足当之。元人入雅，为师苏米。所谓师董巨者，以其画江南山，渐山唐宋画西北山水之险恶而归于平淡。平淡非浅薄。倪黄虽简而实繁，吴仲圭、王叔明何等沉着浓厚。明之沈石田、姚公绶至董玄宰，合董、巨、二米为一家。有龚半千、石谿、恽香山，皆粗墨涩暗，以名大家，谓之浑厚华滋，不以细谨为事，即徐俟斋、祁豸佳诸名家，皆古拙不入时好，在当时至为世俗所唾骂。而识正轨者不欲舍己从人，终于千古以下灿然一灯，照耀后来学者，得以不失其志坚气浩自信之力，非坚执己意，凭空虚造。因有历史以来，前哲开其先路，后人变化而光大之，已堕者拾而登于席，久埋者掘而贡之庭，无他也。虽然，唐宋人未可尽废。王维、李成之细笔，传而为李伯时、钱舜举、文徵明，至清之钱松壶。郑虔、张璪、吴道子，渐为宋范宽、郭熙辈所浑合。至董北苑多法郑虔。由元至于龚半千，皆自称师郑虔。龚半千画，在当时画多黑，人甚厌之。故其弟子王槩等，至于金陵八家，皆细笔，后既流入纱灯派，仅画纱灯作生活。金冬心自命不凡，讲学扬州梅花书院为山长，画粗笔佛象梅花，亦以湘竹灯求袁子才在随园寄售，而经年尚未出售，袁谓南京人只解吃鸭臊而退还之。古人至诣，不干时好，无足怪者。故爵禄可辞，白刃可蹈，而中庸不可能，以此。此意非但世俗不明，即贤者或昧之。秋湄有邹臣虎画山水扇册十二页，真是异品。邹画较玄宰高倍蓰，龚半千称为子久入室之徒，鄙见以为或胜之。明贤画有胜元人者。即在明季东林讲学之时，而人才亦以与东林接近为多，今所载之画传者，寥寥数人，一人数语耳。拙著《僧渐江》，为陈柱尊木刻于苏州，《垢道人》《罗文瑞》诸篇，瞿兑之为采入《中和》杂志。如此种著述，有四五十人，每人至少三五千言至数万言，皆搜求不传之本，或已禁毁之书，与书画真迹题跋者。此鄙意所眷眷，不欲散亡之。印诚不易也。印著述急于印拙画，印拙画不如得保存拙画者付之。冰清、砚英非不笃好，因其不究理论，而徒临摹在章法，虽老无裨，不欲虚掷精神物力。物力在今已艰至万分，鄙人储蓄，尽购古物，年来出明、清人普通画件，得数万元，仅供八口馆糜。稻米近在千元一石，是联币，若中币即五千元矣。尚留至精者，拟抄存目录或待印。原拟携回南中，闻生活更浩大，虽聚散皆身外之物，尚待考虑。今次拟闻画展，得大力文字之揄扬，喜出望外。又有裘、顾诸位之辅赞，亦不易得。最大疑问，拙画不合世眼，又值世间金融恐慌，徒糜虚费，难博人欢。虽如秋湄、曼青诸友推爱，亦属无补。况得资印画，收费尤难，徒散人间，为不谅者指摘之的。此鄙人遇大好机会绝不印拙画者。如有正、商务、国光虽百册，皆早成功。一则自信未能，二则志存传古，三则不欲耗人资财作无谓之事。虽于私人可扩张浮名，不值识者一笑耳。展会得款，未必把握，徒领人情。（《白云依山》不复记忆，如愿作细笔，不出门可得每月联币千余元。以贱目内障，稍视久，即作痕，虽愿亦有所不能。）印书不如印画，拙画当有知音，自可保存。拙著有关数百年来谬见及秘隐之处，况明清忌讳尤名，应为学者所许之议论，三代文字学及杂著亦有新发明，为今海内外学者所未道，此秋湄所未尽知者。鲍扶九君曾著《张夕庵年谱》，于金石学甚劬力，著述甚多。吴仲坰知其地址，鄙人久不通讯，殊念甚。先生可由仲坰一访之。星期日秦曼青诸君意见若何？若不满意，鄙见以为就尊处或借人家约敝友及熟人先观之，能作谋定后成之举为胜，不可强勉，如不能计胜，不如将会址日期让与他人。（敬请偕裘、顾二君预算多亏为难，认其贴费杂用可也。可不开会，省却无数费神，较与世俗交接为安。）再迟候拙作细笔画收拾完工（或明年正月寒假中），原有细笔画为家中妇女辈藏之箱箧（已将据为私有，不忍出手），不但无款，多半未成，先将寄申百余件，能脱手即售之，不能售者，有友葛又华、黄居素可尽行包去（二人能画，交友甚广，待鄙人尤至厚，屡年索画尚未应），只交舍侄辈领回转寄而已。申地展览再筹办法。承赐大作，当有刊印布行之处（在申有《古今》杂志，将归敝友主任，内容将专刊艺术云云），为艺林乡导必矣。所开载之友外，冰清、砚因每位赠一纸作纪念，不取润，不愿取者听之（裘君来纸为友携去，待索回即转）。叨在知心，一切吐露，幸不示外人。切切。名正肃。十月二十日。

再者：邓秋枚体弱，每日下午三时起至四时，惟收藏古书画之友得见之，过此即度门，此前二十年即如此。（作文谅亦所惮，鄙见不必约。）当三十年前，旧友宣古愚君能文善画，著述甚多，与秦曼青、王秋湄亦至好，与鄙人尤合。尝于四明银行三楼发起一贞社，研究金石书画者有王捍郑、庞芝阁数十人。时秋湄将任兄弟公司经理，未加入，渠亦无收藏。社友中多能文识画。同邑故人汪巨游，为画友采白之叔，云沪上近来寓公能文而不喜作文，有收藏而但喜观人之好藏品，若以贡献于艺林，必无此热忱。艺林中人，学古已少，而求理论明畅者更难，即愿闻理论者亦至少。鄙意以为言之太过，经二十年来到处如此，甚有答言画到过好，人不懂。惟求人懂，不求理论，此不但古画不明，而艺事日趋而下，诚可慨已。拙画向不轻赠人，赠人书画，如新罗画生存只为人作包裹纸用。拙作日课，不求完竣，不署得如此，方成绝艺。明画已少。书法有“以白当黑”之语，老子言“知白守黑”，庄子言“斯垩不伤鼻”，此等画诀皆古人所不言而喻于心，虽专读书者不易知之。周秦诸子理论极透彻，当时学艺亦极精工。近年如淮河流域出土之金石图画，较之汉魏六朝有神妙不测之技能，欧美研究而未得要领，故多善价而求。六国文字，国立图书馆中，虽如燕市、金陵各大学，均乏此材料，惟私人研究，海内外亦寥寥。而欲求类此知识之人，尤为最近时代所繁多。盖美术之本原在古文字，文字之精神于古物得见之。日内敝处觅得襄勤脱稿之友，能写书画皆雅（巫达斋君，蒙古人，住京），拟竭一月之力，将拙撰完成一二种，计须寒假期中可毕，亲携来申，奉求教于诸君子。画展祈代请熟于会场一二位友人襄助之，鄙人可从容来申。前云车务，熟友潍县张君近调青岛，闻过江甚拥挤，而家人又以守门户亦严重，不能分身作伴，在知己虽能谅之，而私衷皇悚为无已耳。又鄙意影印出册，以小册页为宜，画亦须较工细之笔，以少渲染为易明爽。另画小册为之，今暂照少数何如？复候著安。黄宾虹顿首。十一月六日。

（三）

怒庵先生大鉴：日昨奉复长函，谅荷詧及。惠寄画册，影印排字俱精，曼老序文极佳，北平诸友见之，莫不欢爱，尚有乞为再版续印一二百册者。鄙见以为续印固佳，而拙笔纪游，意将广西之阳朔，四川之青城山，又峨眉，江苏之太湖，安徽之黄山，每部专画一处之风景，每册廿页为一部，原稿留存研究所（假名，再酌订筹备细则），或待好而有力者之贮藏，似较印书推销犹易为力。鄙人于印刷事业耳闻目睹，沪上卅年甘苦备尝。而亟亟以传古为职志，因传古可为后人取法之功力最大。所惜故宫多院画，唐宋元明真迹尤罕，士夫画更说不上精品。鄙人审查故宫南迁之画三年之久，排日工作，均有详细笔记，中有百数十大柜之多一柜一号，每柜二二百件，只有一二号可观，其余伪品临摹，而御笔及清代朝臣院画尚不在内，故欧美鉴赏之者，意多不满，以其中乏士夫画之精品也。士夫画之精者，清代只有新罗之花鸟，方小师之山水，罗两峰之人物，其他寄人篱下，直可谓之画奴，因有“书奴”谓然。扬州八怪学识功力皆不足。惟应自董玄宰起，一变吴门派之俗笔，入手士夫画之正轨，而赵左、沈士充诸人所称华亭派者，不克自立，不为世重。独有秀水、常州、新安三派中，有矫娇不群者，皆因董玄宰之提倡，士夫画兴起，约近百人，百人中有四五十人，如龚贤、项圣谟、吴彬、萧云从、戴本孝、邹之麟、恽向、程正揆之伦，皆是画中之龙，与元人相去不远，非但习画者所当研究，而尤为著作国画理论评骘画事者静心参考。以此辈学识，由元明真迹上溯唐宋六朝而得，非若乾嘉以后之文人画，摹一二家，写一二幅，略知诗文，小有娄东、虞山画之收藏，便称画者。此等风气害人不浅。文人与学人不同，僧渐江自称学人，黄大痴亦称学人。元人之画从唐宋苦心孤诣处變化成家，明季画又从文、沈上溯元人，又能孳孳不倦。关春草君鉴赏力最胜，沪上张葱玉亦佳，俱山少壮识力过人。张近以十万联币在天津购蒯家之赵松雪画，不久回沪。如台端之聪强，知人善任，必能鉴别古今名画，非仅以理论著作名家。因此鄙人有数十年之收藏，虽在国光社及各书局有影印海外印出亦不少，铭心绝品，俱未际人，今思留一纪念，选数十幅为一大册。故对于囤积纸张之费不如为此，于人己多所增益。至于合资印书，宜于编辑剪贴之学，鄙见谓为为人非为己。拙著拟将石涛、石谿及渐江补足之本，先雇写手赶成，以答盛意。而殷殷遥瞩者，尚在研究所。宣愚公与鄙人曾办“行秘书”，收集私人藏书画目录，结一团体，中有条倒甚严格，分等级以不经见之古物，确为真鉴家所承认者，书画皆然，惟一交换条件行之不易。欧人收藏至为精美之物多属私家，而博物院即是普通寻常，无足研究，研究亦浅陋。二十年以前，愚公曾约鄙人至黄浦滩一某俱乐部，一门券每张已二三十元，皆为欧人私家收藏。研究处前到者有土山湾天主堂牧师张渔山为熟人，向研求中画，云今有塞尔维亚之商人，得一宋画册页，全球视为至宝，可供观览。及欧人群集，见马远六册、院杂画六册，其五人画史有名，惟一页名□□者，遍查无考。今又邀有学者多人研究，此一二观览莫不惊叹，题跋装潢犹是五百年前之旧，收藏精美。只以不识一画者之名，众形踌躇蹙额之状。鄙人谓宣愚公，此必梁楷。宋人书款每如画押，愚公云何不对欧友公布之，张渔山亦极赞成，乃指为梁楷之款，当时即检海内外影印画册对之，果符合。欧人识鄙人者以此举传播为多。因思传古是伟大美术事业，发前人所未发，颇思先由画展款下请尊处代汇万元，联币不足贰仟元分抄书，数百元作筹费，在北摄影。余续及。黄宾虹顿首。十二月十四日。

（四）

怒庵先生道席：前荷余款十五万元，谨收到。大作著述纷繁，拟将贵友属为拙画册页竣工同复上，迟迟未奉答，至歉。今册写武夷纪游，略变面貌，如合尊意留玩，可另写寄奉贵友，或另写以报知音，勿再给奖。曹文畊兄屡以画展扰清听，并函嘱为介绍书，已却之，不料伊仍念旧德于不寘也。江松如舍亲来函云是新组文化机关，邀坿贱名于简末。前十年舍侄女映芬未故，学图画，携去拙笔诚不少，中多疏放。近稍习整严，时学北宋人，期于虚中有实，而又不易疏。元季明末画逸品者致力于北宋人之阴面山，用功极深，而后无虚非实。若仅学元明人之逸品，恐如王觉斯所谓学云林奄奄无生气矣。吴门、浙江派之枯硬干燥，与娄东、虞山之甜熟柔滑，皆不善学元人也。今欧美人纷纷言逸品，请质之高明以为然否？附册十二页。专此，复候道绥。实虹拜上。五月廿九日。

（五）

怒庵先生道席：得上月廿五日赐函，名论高识，倾佩无已。惟荷奖饰逾量，益滋恧感。昔大痴自谓五百年后当有知音，梅道人门可张雀，而自信己画在盛子昭之上；倪云林谓其所画悬之市中，未必能售。古代且然，今以拙笔幸得大雅品题，知己之感，为古人所难，而鄙人幸邀之，非特私心窃喜，直可为中国艺事大有发展之庆也。清代自娄东、虞山，专尚临摹，重貌似不重神似。二百余年以来，士夫解画理者已罕，其坠地自不必言。鄙意不反对临摹，而极反对临摹貌似之画。故于清代古画家无当意者，而究心于宋元明画，孜孜数十年，至今不倦。西北且有唐画留存，如莫高窟古洞发见书画，时有所见。始悟古人用笔之法，皆具数十寒暑苦功，而后上纸作画。其理论极与欧西吻合，如画笔重在点，日起点，为章法之主；曰弱点，为无笔力；曰焦点，为无墨采。正是中国画言章法、笔法、墨法相同。近言线条美，曰积点成线。中国笔法秘诀言屋漏痕。古画笔法无不由点成线。五代董源披麻皴，似用长笔，巨然学董源，即复短笔皴。虞山王石谷墨滞笔弱，麓台甚诋诽之，只以得屋漏痕法之皴笔为鉴赏家所心许。至戴鹿床得其意为正传，然而微之又微，其去古已远矣。鄙意反对临摹貌似，是不愿人有泥古之见，与食古不化之弊。而好古以搜罗名家历代真迹，以古人之精神万世不变，全在用笔之功力，如挽强弓，如举九鼎，力有一分不足，即是勉强，不能自然。自然是活，勉强即死。六法言气韵生动。气从力出，笔有力而后能用墨，墨可有韵，有气韵而后生动，学者当尽毕生之力，无一息之间断。静观古今名家之优绌，无不由此而分。大名家之一笔两笔，中等名家不能动一笔。人同此心，心同此理。集千古之名迹，特出一二大名家，以其能取是舍非，用长祛妄。画分三品，能品最下。观古人之画，骤视之知其功力之深，为人不能学，且不易学。而共知其佳者，必非上等佳品。有初见其画不过平常，而且人人皆能，至有为寻常人所不欲观者，谛观之而知其美，学之而更却其美之不能学，不易学，此方成为最美最佳之作，所谓美在其中，不假修饰涂泽为工者也。用笔之弊，一曰描，无起讫转折之法；一曰涂，一支浓笔，一支淡笔，晕开其色，全无笔法；一曰抹，如抹台布，顺拖而过，漆帚刷成，无波磔法；皆不知用点之法为贵。鄙论皆原本古人而发明之，知与大雅论画多有合处，尚希先生发大愿力大慈悲，为近时学者兴起鼓舞而遵于正轨，俾士夫明达者共解斯意而光大之，诚盛事也。宇内共称东方文化，语言文字，各种学术，皆以文明开化之久，万古不磨。学术如树之根本，图画犹学艺之华。桃花能红李能白，此能品也。桃李，凡卉也。若野菊山梅，如隐逸高人，其超出于桃李，人共知之而共赏爱之。画事品格，人不全知。近之荐绅往往以清代文人画即为中国上品画之代表，而谤詈之。不知中国有士夫画，为唐宋元明贤哲精神所系，非清代文人画之比。正以其用笔功力之深，又兼该各种学术涵泳其中，如菊与梅之犯霜雪，而其花愈精神也。附拙画十二帧，余续上。顺候道绥。黄宾虹败。七月七日。

（六）

怒庵先生著席：迭诵手书，藉悉起居，劬勤文艺研究，于古今变迁尤加邃密，诚感诚佩。近今以联邦友好倾心东方学术，促进我国提高社会民族。此千载盛事，难得之至。国画鄙见分三时期：上古三代，晋魏六朝，由石器铜铁匋瓷骨角，变锲刀为柔毫，造象画壁，笔墨丹青。古人有法而不言法，政教宗教各以类分。画以装饰衣服器用为事。画属书算之余事，先有象形文字，言形声谊，形以目治，形声假借，谊即会意。书法流美，有弧三角，齐而不齐，以成内美。黑白二色，是为真美。五色七色假日之光，今三棱镜可以证明之。王维水墨，画始二色，为真内美，画中有诗，诗中有画。画为无声诗，诗称风雅颂，古圣作乐，舜之诏舞，周之武乐，有形无声，与绘画同。而歌诗享宾，断章取义，文字言语，尤与画合。宗教画壁，宋齐梁陈，灭亡毁圮。唐失画法，会意于诗歌。五代画合丹青水墨与大自然，发明六法。画由科学进于哲学。哲学合综，学非合综不大；科学分析，理非分析不精。元季四家，贯通三教，精通六法，上承北宋，以实运虚，虚中有实，登最上乘。所惜元祚不永，倪黄真迹全无。明初吴伟、张路、蒋诩、郭清狂之流，入野狐禅，犹之宋人言六法，拘泥六法者，只徒临摹。宋徽宗谓画院中人如仍是画者不变，吾不欲观。刘松年、李晞古、马远、夏珪年均耄耋，始于早晨昏夜静观飞鸟出林，走兔走圹，写为实境，得其真相。而马夏一角，仅作临安山水，成为偏安气象。明代沈周，虽由诗书画求写其古意，南宋功探，一学倪迂，其师赵同鲁有“过矣又过矣”之叹。明季天启、崇祯，承董玄宰宗北苑画，言南宗比于禅家，五祖六祖，分出作家文人。其时士夫知法北宋元人虚实兼到之妙，然其兼皴带染，仍是流弊于娄东、虞山。王原祁自谓笔下有金刚杵，推崇大江南北有一石涛，遂开扬州八怪。虽于诗文字法求精究，于古人真迹罕睹。及至道咸同光，金石学盛，魏碑书法全合不齐三角算学真源，万毫齐力，积点成线。鄙见搜求近百年画人未见著录者，准以古法，编辑缀成为一书，分山林、廊庙两大类，中以收藏赏鉴、天才、学诣、师友、游历、著述、醇疵列九等表。如朝臣内廷供奉蒋廷锡为余省三捉刀，诸多门客代笔。院体临摹唐宋元明，优孟衣冠。石涛、八大开江湖法门，文徵明、唐寅入市井习气，文人帖括考试卷策凡流邪甜俗赖之作，虽前人画传、画评、画考、画录毁誉偏毗，俱应平心静气，判别优绌，多不厌烂，求归于是。况今东学西渐，欧画近多变通；民族发达，既由宗教政教综合文教艺术而光大之。兹奉函示，拟先于近百年中着手，江南北区域中流传真迹，乘现在博采广收，能集众力，尚为较易，兼有兴趣，过此非毁灭即赝托，无从实证。敝藏尚存大批有名无名近千余纸，尊旨有合，进而教之，幸甚盼甚。此候著绥。宾虹拜上。十二月廿日。

北人重学，南人重文。黄河流域发源最早，儒门子夏之徒，商鞅、李斯，惟子游、澹台灭明渐与庄老合。楚辞《离骚》继《诗》雅颂，吴亡入越，越属于楚，秦楚之际，书法不同。晚近出土长沙周缯、良渚夏玉、滇南石画、淮河古铜，文彩超越寻常，以江南北为最盛。而西北沦于匈奴女真，汉魏释教，唐有景教，元代开拓区宇，交通既广。敦煌莫高窟写经流传南来，两北僧寺道院壁画，保守丹青古法，由油漆革画，进改缣楮，蜃粉、驼绒衬于画背，层层加上，旧可不去，而新又更多，然出于经生画匠之手，可历千年，无甚改变。自法国伯希和氏发显敦煌古迹，市估伪造不少，能多所见，物质异同一望而知，非若南画改款添补，难近百年至十余年即不易辨，故收宜从近时人先收集之。

与黄居素[1]

（一）

居素道兄鉴：画册写就，拟付邮。近海关须报税，今陆续封入函中，免作英文等等手续。惟联件包裹颇烦絮耳。顷得上月十六日手书，聆为拙画揄扬，并惠画润，感何可言。中国画言成德，西画言成功，故太上立德，德先志道，而后依仁游艺，精之足以济世，与佛学同归。非如拉丁之奢淫，条顿之强很，其画仅以表见民俗也。近来参法东西画，只得其皮毛。如

1 黄居素（1897—1986），广东中山人，曾在上海从黄宾虹学习山水画，并与黄宾虹等人创办上海神州国光社。后来任中央文史馆馆员及北京中国画研究会会员。

厌世派之谈佛理，恐非真实之学问。画学主静，人人安居乐业，有视仁人爱物之心，即是画旨。极荒寒之境，可以令争权夺利之夫视之猛省，或退让于无形，此画之以水墨为上也。君夙深研佛理，今为友谈画理当更透彻。画纸以细洁，六吉陈六七年即可用。北平旧纸前年甚多，因大千购买近万金，遂为大众注意，今颇昂贵，一四尺纸每张需十元以上，不过为作赝品画所宝，鄙人不取之，不及新宣纸匀洁耳。翁君画，当遵寄奉。兹先寄小册十二帧，中多纪游之作，减笔较细笔有精神，迩来欧美友函亦喜减笔，惟繁布后减乃为得之。仍在平日功深，非徒事丹青修饰也。临颖驰系，顺候道绥。黄宾虹顿首。

（二）

居素道兄鉴：近得手书，诵悉甚慰。鄙见作画如习拳术，既得方法，尤贵勤力，先必谢绝酬应，就粗纸练习腕力、目光、气势三者。粗纸如广东、广西、黔滇之桑皮，西北方之麻纸，闽浙之花笺、元书均可，以其纸性涩笔，初易见效，遂有进步，不难自明。若入手即用宣纸学画，无论已矾未矾，因其光滑，不甚留笔。清代二百余年中，画者已乏练习之功，不过随意应酬，且为文人之余事，称日写意，贻误不浅。古人所谓写意，必于未画之先，平时练习，已有成竹在胸；当画之时，有笔法、墨法、章法，处处变换，处处经意。熟极之后，理法周密，再求脱化，而后一气呵成，才得气韵生动。乾嘉以后，文人初学，便求脱化，无一真实，全蹈虚伪。况有不观古人大家真迹，不读古人理论之书，欲其艺事精进，不亦难哉！东方文化，历史悠远，改革维新，屡进屡退，剥肤存液，以有千古不磨之精神昭垂宇宙。欧美人近三十年来，搜购中国古画，并考理论之书，骎骎日进，已将抉幽探隐，上窥宋元之堂奥，思有以改造欧画之精神。昨芝加哥画学教授德里斯珂君来函，极注意中国明代遗民作品，最重简笔山水，可为知言。先习繁笔，理法明晰，而后聚精会神，神气团结，极简之处，而有极繁之意行乎其间，加之真力弥满，气象雄厚，挂之堂上，使人惊倒，所谓“请看此画定惊倒，先要倩人扶着君”。以力与气，养成有素，非若江湖画粗率欺人，亦异于文人画之空疏无具。此是士大夫之画高出群伦者也。鄙人旅居燕市，日惟读书观画，几无暇晷。拟著歙画录，集元明画者轶闻不彰于载籍而仅见于卷轴题跋之真迹，日久渐多，缀辑成篇。歙本江南区域，晋唐而后，文学之盛，比驾江浙似或胜之。以黄山峻削，地居偏僻，不与时俗移。江浙以运河通衢，易沾时习，画多甜俗，不如新安之辣尤为近古。竣工即奉。专复，即候日绥。黄宾虹顿首。

贺莲青笔，该号无法寄上，拟托黄嘉德君处转，拙画附函，或仍可寄。此布。

与裘柱常[1]

昨承赐视近作三画，与同人研究，待商数点：一、宣纸市上矾重，绘画不易得变化。旧有汪六吉，前清光绪尚多制作，入民初即用舶来品罐头纸浆及硝镪水制出之纸，已不适于点染。时习浮薄粗率，作画流弊，纸当任过。四川、贵州出生皮纸，意大利查龙近改西法，用中国纸，即此。二、笔法言万毫齐力。又云中书君老而秃。古人用笔，羊毫之柔，柔中有刚；紫毫之刚，刚中有柔。新笔先多写字，去其浮毫，而毫端始有力。笔墨先求上纸，陆日为挑笔，石谷滑笔，皆是笔病。至康雍年中及乾隆时，书画用笔，浮薄已甚。画者因古画难见，全

1　裘柱常（1906—1990），浙江余姚人，中国现代作家、翻译家、诗人。

入收藏公私之家，虽扬州八怪，妙有诗文才气，无从得见真迹以学古人精神。古人精神，所谓墨分五色，浑厚华滋，全从力透纸背而出。黄大痴墨中笔，倪云林笔中墨，上追荆关董巨之法，所惜元人世罕真迹，仅于书法诗意二者求之。道光、咸丰画学复兴，同光叔季，碑碣金石之学昌明于世，公羊学者倡言革命。今日绘画创作，民族研究，尤非深明于近百年画，孰优孰绌，谁是谁非，当使目光如电，笔下力回万牛。是知祖宗遗产，自有文史以来，垂数千百年，我国宇内文化，冠冕寰海，群将趋向于东方者，画为文字之萌芽，而又极其绚烂也。古今政教赖以宣扬兴盛，学者奋发宜如何努力。古人诗文书法中可探索者，宜在手札劄记，残篇剩简，择其有实学毅力，方闻博洽，合综经史子集之哲学，与声光电化之科学，神而明之。不沾沾于理法，而超出于理法者，又不得不先求理法之中，方不蹈于虚无寂灭，与刻舟求剑、削足就履，同为识者所讥诮。否则学敦煌壁画，犹是假石涛。即真石涛且不足学，论者以石涛用笔有放无收，于古法遒劲处，尚隔一尘耳。兹附画单，试详审分辨其诣力，取长舍短，作一见解小言，亦盼。柱常先生、顾飞女棣同鉴。宾虹谨具。

与鲍君白[1]

君白吾兄有道：昨寄篆联十副，日内可到。前寄篆联，因纸厚已超出邮函分量，致退回。今再托友觅纸换写寄上，共十副，在另函中。兹将五尺堂一张附奉。此间宣纸为画家收购几罄，油画材料缺乏，亦用中国纸者甚多。因日欧风画者变积点为线条，与中国古画尤近。北宋董北苑之先皆用点，唐画尽以点成，故五日一水，十日一石，须千遍而成。北苑用长皴成长线条，巨然恐学者作长线条有轻薄之弊，又变为短皴以仍占法，今称董巨，推之士夫画之正宗，以其得笔法醇粹规范，不入奇邪，元季倪黄，实其嫡乳。画至明初，自吴小仙、郭清

1　鲍君白（生卒年不详），安徽歙县人，师从黄宾虹学画。

狂、张平山、蒋三松而极坏。沈石田、文徵明出，中年多致力于宋元，学者只得其貌，笔墨尽失。王凤洲谓吴门画家及隆万而几尽，诚慨乎其言之也。董玄宰与陈眉公客歙之溪南吴养春家最久。其时歙休收藏盛于江浙，玄宰提倡北苑、倪黄之画，风行海内，剧迹亦以新安为多。程孟阳、李长蘅、戴怀古、饶景玉、查二瞻、程穆倩、郑慕倩卓然胜于江浙蓝瑛、宋旭、张宏辈远矣。自王烟客一派以排斥东林迎合朝廷，常熟、娄东、云间俱无足取，而毗陵邹巨虎、浑道生与新安可称并美。惜康熙末年萎茶纤弱，乾嘉粗率，扬州八怪尤恶陋。及咸丰、同治间，画风为之一振。以时当金石学盛，如张叔宪度、赵抝叔之谦、吴攘之、郑子尹皆自不凡。新近世界画家，尽道“艺术救国”，中国古今画，公论为世界第一流，然非学油画者所易知，亦非袭海外画家作风为改良。鄙见以为倪黄画救中国江湖朝市之恶习；由倪黄而溯唐、五代、两宋，方可正时俗之积弊，骎骎与海外学者相接，要从多读书中之论画而悟之。君白吾兄有道。宾虹再拜。

与顾飞[1]

昨得手书，并近作画，学校同人观览，共为称赞。天资学力，具有优长，益加精进，洵非易才，原件仍由敝处保留。现今研究创造，先从古人遗迹，详审源流派别，参以造化，自然抒写自己性灵。然必从近代时贤入手，骎骎而上，较有途径可寻。百年来海上名家，仅守娄东、虞山及扬州八怪面目，或蓝田叔、陈老莲；惟蒲作英用笔圆健，得之书法，山水虽粗率，已不多觏。此外有陈若木崇光、赵㧑叔之谦、何暖叟绍基、翁松禅同龢，画传不详，精品稀如星凤。道咸名贤如包慎

1 顾飞（1907—2008），字墨飞、默飞，上海人，中国近现代著名女画家，早年师从黄宾虹。与裘柱常为夫妇。

伯世臣、周保绪济、郑子尹珍，虽珂啰版俱无觅处，并鲜道及之者。文化堕落，良可浩叹，诚不可不审慎择之耳。洪初堂榜文集言，以他人论是非为是非，谓为无我；自以为是，而人言尽非，谓为有我。有我者骄傲，无我者懒惰。中国学者，自乾嘉来，奚铁生冈以高丽国王索画得重名。周少白等无不东游日本、朝鲜。日本西崖氏著《中国文人画之研究》一册，陈师曾译出，商务馆印行，考据颇精确，所惜未见中国道咸文人画遗迹，仅及扬州八怪而止。然我国论画之书有周保绪之《折肱录》，其言文徵明之画非但枯硬而且无笔墨之可言。虽沈石田犹多不满，可为卓识名论。尚未见全帙，遍托友访求之。其自画力追北宋人，与董玄宰虽同旨，而玄宰兼皴带染法，流弊于王石谷，柔靡极矣，全失笔墨法。挥南田早年常为石谷捉刀，因之得名。后已懒为，而谓石谷有名无实，将来为后世诟厉，必及同时之友辈云云。此函今存某处。石谷因偕查梅壑同诣京口，谒笪江上请问笔法，知有积点成线法之笔法。石谷享二百年盛誉不为论古者所摈惟此。在当时王麓台以祖辈之交，已轻视其画，谓大江南北余识画家，当以石涛第一。天才学诣颇觉深厚，生前潦倒不堪，无喜之者。以粗率为多，用笔少含蓄处，是其所短，花卉较胜。时代承平，古人遗迹多入豪贵之家，冬心、板桥、瘿瓢诸人，工书能诗，自谓文人，高出石谷之上，而不及石谷尚得多见古画，又能临摹真迹，况贫窭旅食都市，安得搜求收藏墨宝。此文人作品，有大儒颜刁斋称诗文书画为四蠹，而扬州八怪亦不足重。道咸之间，内忧外患，风起云涌，常州学派昌言革命，至戴子高望与赵叔、翁松禅，皆承其流，而画尤不能不推崇邹衣白之麟、恽本初、笪江上、朱竹垞诸公之文人。即最近之罗颂西振镛著《画话》及《画余随识》，论画与其自画，求不可得，询之友人已多不知，自云与高邮宣古愚哲为表兄弟，其载陈若木轶事，为画传未入，亦无陈姓名。回忆我二十余岁，初至扬州，时有姻戚何芷舠、程尚斋两运转，宦隐侨居，家富收藏，出古今卷轴，尽得观览。因遍访时贤所作画，先游观市肆中，俱有李育、僧莲溪习气，闻七百余人以画为业外，文人学士近三千计。惟陈若木画双钩花卉最著名，已有狂疾，不多画，索值亦最高。次则吴攘之廷飏，为包慎伯所传学。宋元遗迹，自南巡后，多入《石渠宝笈》中。上古三代魏晋六朝，画尚内美，有法而不言法，在观者之自悟。佛寺既毁，画壁无存。吴道子有笔无墨，阎立本不识张僧繇画，李思训金碧楼台，画重外美，丹青炫耀，占法已失。王维、王宰、张璪、郑虔于诗与书法中，悟得其传。五代李成、范宽、郭熙、荆、关、董、巨始备六法，北宋尤盛。画言理法，必追源唐宋元明，研究其得失。既知理法，又苦为理法所缚束。《庄子·逍遥游》言，蝴蝶之为我，我与蝴蝶。若蚕之为蚁，孵化以后三眠三起，吐丝成茧，缚束其身，不能钻穿脱出，即甘鼎镬。栩栩欲飞，何等自在，学画者当作如是观。自成一家，非超出古人理法之外。不似之似，是为真似。

然必由入手古人理法之中，研究得之。《韩非子》言画箧，观其虚处，皆成龙蛇。古人画诀有“实处易，虚处难”六字秘传，老子言“知白守黑”。虚处非先从实处极力用功，好学深思，心知其意，无由入门。画言写意，意在理法之中，学者得之于古理法之外，正谓画法已失，当于书法诗文悟出其法。画法之“破墨”二字，明人题画，往往及之。元人知破墨法，倪黄用之，最得其妙。明初吴伟、蒋三松、郭清狂辈失之，坠入野狐禅。道咸中《艺舟双楫》言北碑书法，而画之墨法，始悟古法为胜明贤，然明贤启祯间画，亦不朽千古也。